21세기
환각제 혁명

21세기 환각제 혁명

초판 1쇄 발행 2024년 4월 1일

지은이 조성권
펴낸이 장길수
펴낸곳 지식과감성#
출판등록 제2012-000081호

교정 김서아
디자인 이현
편집 이현
검수 주경민
마케팅 김윤길, 정은혜

주소 서울시 금천구 벚꽃로298 대륭포스트타워6차 1212호
전화 070-4651-3730~4
팩스 070-4325-7006
이메일 ksbookup@naver.com
홈페이지 www.knsbookup.com

ISBN 979-11-392-1724-7(03330)
값 16,700원

- 이 책의 판권은 지은이에게 있습니다.
- 이 책 내용의 전부 또는 일부를 재사용하려면 반드시 지은이의 서면 동의를 받아야 합니다.
- 잘못된 책은 구입하신 곳에서 바꾸어 드립니다.

부모님을 끝까지 돌보신

사랑하는 나의 누님에게

시작하며	VI
감사의 글	XII
용어 정리	XIV

제1장	21세기, 왜 환각제인가?	1
제2장	환각식물, 환각물질, 환각제	9
제3장	사이키델릭 마약사: 칸나비스와 LSD	29
제4장	1960년대 사이키델릭 혁명	49
제5장	환각제와 정신변화	73
제6장	사이키델릭 마약류의 의학적 치료 효과	87
제7장	미국의 최근 상황	119
제8장	한국의 최근 상황	143
제9장	어떻게 할 것인가	169

마치면서	177
참고문헌	178

시작하며

2017년 5월 8일 어버이날, 절필했다. 그리고 2022년 2월 은퇴했다. 지난 6년 동안 시간이 없어 못 읽었던 역사, 무협, 판타지 소설들을 탐독했다. 아마 읽은 책만 해도 수백 권은 넘을 것이다. 그중에서 가장 인상 깊은 소설들은 『도깨비』, 『옷소매 붉은 끝동』, 판타지인 『신의 노래』, 무협지인 『환생천마』와 『호위무사』 등이다.

그러던 중 10년 전에 집필한, 가장 애정 어린 『마약의 역사』를 보았다. 불현듯 그 책을 집필하면서 아쉬웠던 부분들이 떠올랐다. 그 책은 학술 서적이기 때문에 가능한 한 객관적인 사실로만 기술해야 했다. 수많은 단행본, 논문, 인터넷 자료들을 인용할 때마다 일일이 주석을 달아야 했다. 인간과 마약 간의 상관관계와 더불어 인류와 마약의 역사를 함께 고찰한 것이다.

'만약 『마약의 역사』를 주석 없이, 불명확하고 증명되지 않은 출처들로 인해 인용하지 못했던 무수히 많은 내용들을 논픽션 소설 형식으로 저술하면 어땠을까?' 하는 아쉬움이 들었다. 딱딱한 내용의 학술서가 아닌 재미있는 상식 수준의 교양서 정도로 저술하면 좋지 않겠나, 하는 생각이 들었던 것이다. 한마디로 【정사正史】보다는 재미있는 【야사野史】 수준을 쓰고 싶었다.

이 책은 바로 그런 맥락에서 저술하게 된 것이다. 『마약의 역사』를 집필하면서 읽은 너무도 많은 비하인드 스토리를 후에 기회가 된다면 새롭게 쓰고 싶었기 때문이다. 이것은 특히 고대 시대와 관련된 부분이 많았다. 또한 구약성경과 예수의 생애, 중세 마녀사냥 과정에서의 비하인드 스토리의 출처가 불문명하여 쓰지 못한 부분은 정말 아쉬웠다.

그 와중에 박진실 마약 전문 변호사와 그녀의 두 번째 단행본의 집필을 위해 매월 주기적으로 만나 관련 내용에 대해 인터뷰를 하는 과정에서 필자의 집필 욕구가 차오르기 시작했다. 특히 최근 국내 마약범죄 동향 관련 인터뷰에서 코로나 이후 가까운 미래 인류가 가장 쉽게 접할 수 있는 마약으로 대마초와 LSD를 지적했다는 점이 필자의 인상에 깊게 박혔다. 이러한 대화를 주고받는 과정에서 지난 6년간 업데이트되지 않았던 필자의 지적 공백을 채우고 싶다는 욕망이 조금씩 자라기 시작한 것이다.

특히 필자의 지적 욕심을 자극한 것은 대학원 수업 중, 학생들과 함께 토론을 했던 헉슬리의 저서 『Moksha』와 호프만의 저서 『LSD: My Problem Child』였다. 전자는 작가 자신에게 혹시 문제가 일어날까 봐 아내가 보는 앞에서 LSD를 섭취한 후 느낀 감정들을 솔직하게 쓴 내용이다. 후자는 제목과 다르게 자신의 책을 자조한 것은 아니었다.

호프만은 LSD를 최초로 인공 합성한 사람으로, 『LSD: My

Problem Child』는 LSD가 어떤 과정에서 등장했는지와 동물실험을 한 내용, 정신과에서 사용한 뒤 나타난 의료 효과, 철학자 융거$^{\text{Ernst Jünger}}$와 헉슬리와의 미팅, LSD의 직접경험 등을 담은 책이다. 아마도 책 제목을 【문제아】로 정한 이유는 1960년대 미국 젊은이들이 LSD를 반항문화의 상징으로 사용하면서 미국정부가 금지약물로 지정한 이후 생겨난 많은 논쟁에 대한 자조적인 심정인 듯하다.

그의 서문 마지막(*in the future* **this problem** *child could become* **a wonder boy**)에서 예견한 것처럼 필자는 그의 창조물이 20세기 이래 가장 훌륭한 의약품으로 새롭게 조명 받을 것이라 확신한다. 또한 필자는 이 책을 통해 지난 50년 동안 【Problem Child】가 아닌 【Wonder Boy】로 성숙해지는 과정을 추적하고 싶었다.

이런 맥락에서 이 책은 대마초와 LSD에 초점을 맞추었지만 좀 더 포괄적으로 일부 환각식물, 그런 환각식물에서 추출한 환각물질, 그리고 그런 환각물질을 인공적으로 화학합성하여 만든 최종 산출인 환각제에 대해 기술할 것이다. 한마디로 대마초와 LSD를 중심으로 【사이키델릭^{Psychedelic}】 마약에 초점을 맞춘다는 말이다.

이 책은 딱딱한 학술 서적이 아니다. 희망 사항이겠지만 독자들을 위해 가능한 한 읽기 편한 소설처럼 쓰려고 노력했다. 그러나 지난 20년 동안 100여 편의 논문을 쓴 정신 구조가 크게 바뀌지는 않았을 것이다. 이런 이유로 과거와는 달리 학술 서적처럼 상세한 출처를 언급하지 않았다. 이 때문에 많은 반대 견해와 논쟁점을 제공할 수 있음을 알고 있다.

이 책의 전체적 구성은 총 9장이다.

제1장은 21세기 주종마약으로 등장할 가능성이 높은 사이키델릭 마약을 새롭게 조명할 것이다. 또한 그럴 가능성에 대한 정치경제 및 사회문화적 상황을 언급할 것이다. 핵심은 급변하는 기후변화와 전염병 시대, 정보화와 스마트폰 시대, 개인의 소외와 젊은 층의 21세기 레이브 문화Rave Culture의 30년 만의 부활 등이다.

제2장은 환각제의 식물학적 배경인 환각식물과 화학적 배경인 환각물질을 살펴볼 것이다. 이를 통해 등장하는 ※화학합성마약인 환각제에 어떤 종류가 있는지 알아본다. 특히 10종류의 환각식물, 그 식물들에 존재하는 환각물질, 그리고 그 환각물질로부터 추출한 환각제인 LSD 등을 중심으로 살펴본다. LSD는 대표적인 사이키델릭 특성을 지닌 환각제이다.

제3장은 사이키델릭 마약의 간략한 역사를 기술할 것이다. 또한 가까운 미래, 가장 중요한 사이키델릭 마약으로 등장할 칸나비스(대마초)와 LSD에 대해 초점을 맞추어 알아본다. 전자는 약한 사이키델릭 마약, 후자는 강한 사이키델릭 마약이라고 할 수 있다.

제4장은 20세기 환각제 혁명이라고 불린 1960년대를 살펴볼 것

이다. 시대적 배경, CIA의 비밀 프로젝트, LSD에 대한 헉슬리와 리어리의 논쟁, 반항문화운동의 일종으로서의 사이키델릭 문화, 그리고 궁극적으로 환각제의 범죄화 과정 등을 파악할 것이다. 또한 1990년대 영국에서 확산된 제2차 레이브 문화도 간략하게 설명한다.

제5장은 환각식물, 환각물질 혹은 환각제를 섭취했을 때 인체에 무슨 작용이 일어나 어떤 영향을 주는가를 알아볼 것이다. 특히 어떤 호르몬 변화가 일어나는가를 위주로 파악할 것이다. 어떤 호르몬의 영향이 인간에게 정신적·육체적 영향을 주는가도 설명할 것이다. 그리고 그런 호르몬의 변화가 인체에 미치는 의학적 유익성과 부작용도 함께 알아볼 것이다.

제6장은 이 책에서 가장 중요한 부분이다. 호프만 박사의 예견처럼 LSD가 【문제아】에서 【기린아】로 되려면 인류에게 혁신적인 의학적 효과의 가능성을 보여 줘야 한다. 이 부분은 주로 1960년대 LSD를 경험하고 느낀 주요 인사들을 소개하고 어떤 강점과 문제점이 있었는지를 고찰한다. 그리고 지난 50년 동안 LSD에 대한 의학적 치료 가능성에 대한 리서치를 추적한다.

제7장은 금지의 50년 동안 미국의 상황과 논쟁을 정리한다. 여기서는 환각제, 특히 칸나비스와 LSD에 초점을 맞춘다. 또한 최근 LSD를 포함한 환각제에 대한 非범죄화, 의료화, 합법화 경향에 대해 알아본다. 핵심은 마리화나처럼 점차적으로 합법화되는 추세가 확산될 것이라는 전망이다.

제8장에서는 한국에 초점을 맞춘다. 한국은 해방 이래 미군이 점령하면서 미국의 정책에 많은 영향을 받았다. 마약정책만 하더라도 미국의 정책이 추종하는 범죄화 정책이 주류를 형성했다. 마약 중에서도 주로 대마초를 포함한 환각제에 초점을 맞추어 한국의 마약 사용 경향을 파악하고, 마약정책의 문제점을 비판하며 새로운 대안을 제시할 것이다.

제9장은 필자가 지난 20년 넘게 진행해 온 강의와 연구를 통해 정리한 마약범죄 관련 간단한 대안을 정리한다. 이를 통해 가까운 미래에 환각제가 기존의 부정적 시각에서 호프만이 지적했듯이 긍정적 시각을 넘어 인류에게 의학적으로 중요한 치료가 되기를 희망한다.

감사의 글

절필했던 지난 6년간을 돌아보니, 정신적·육체적으로 가장 힘든 시기였다. 그럼에도 불구하고 이 책을 집필할 수 있도록 격려해 준 후배 박상현 박사에게 진심으로 감사함을 보낸다. 맛집 탐방이라는 미명하에 동참해 준 한라대 장노순 교수, 과거 국가안보정책연구소에서 같이 근무했던 서동주 교수와 그분들의 부인들에게도 이 자리를 빌려 감사의 마음을 전한다.

이 책을 쓸 계기를 직접 제공한 분은 박진실 변호사이다. 비록 한 달에 한 번 정도 만나면서 서로의 안부를 묻는 사이였지만, 그녀의 단행본을 집필할 때 지적 경험을 공유하면서 지난 6년 동안 필자의 생활에 큰 활력을 주셔서 늘 빚진 기분이었다. 오유경 교수의 쾌유와 중요한 코멘트를 해 주신 임정숙 교수에게도 감사함을 전한다.

20년의 교수 시절 동안 여러모로 도와주신 많은 교수님들을 대표하여 김원중 선배와 박준철, 김용주, 이종복 교수들에게도 이 자리를 빌려 감사함을 전하고 싶다. 특히 역사학과 박준철 교수의 적극적 도움이 없었다면 이 책도 세상의 빛을 보지도 못했을 것이다. 늘 힘이 되어 주신 누님과 자형, 윤호와 성태 형, 동생 성훈, 분당 팀의 회장이신 지현 아빠를 비롯하여 송이, 태현, 의현 아빠들과 그 부인들에게도 늘 마음의 빚을 졌다.

  아내 친구를 대표하여 이상온, 김미경, 이동임, 최리나, 김소현, 이숙현, 유미희, 최미애 부부에게 깊은 고마움을 전한다. 아내와의 마지막 여행지였던 피닉스에 사는 방현석 부부와 경희대 교수인 전익기 부부에게도 감사함을 전한다. 지금도 종종 나의 안부를 묻는 많은 제자들을 대표하여 민수, 재준 부부와 아름 부부, 최귀옥 선생, 박지순 목사, 이형진 박사, 이정숙 박사, 유진 그리고 후배이며 제자인 지은에게 감사함을 전한다.

  지루한 교정이라는 작업을 세 번이나 반복해 준 김서아 님에게 특별 감사와 이 책을 논평해 준다고 약속한 닉네임 '배자몽' 님에게 미리 감사 인사를 드린다. 현재 미국에서 열심히 공부하며 살고 있는 진우와 지현 그리고 민규에게 사랑하는 엄마 대신 무한한 사랑을 보낸다. 끝으로 돌아가신 어머님과 아버님을 끝까지 돌보았던 나의 누님에게 이 책을 바친다.

                                2023년 6월 의정부 부용산을 바라보며

용어 정리

사회과학에서 가장 어려운 것이 '개념'이다. 한마디로 【개념적 정의Conceptional Definition】인데, 100% 정확하게 개념을 정의한다는 것은 불가능하다. 이 책의 핵심적 개념은 환각제 혹은 사이키델릭 마약이다. 아래 마약의 분류를 참고하여 두 핵심 개념을 알아보자.

◎ 마약(痲藥)의 분류 ◎

1. 합법마약: 커피, 알콜, 담배			
2. 불법마약 (향정신성 마약)	1) 뇌에 미치는 영향에 따라	① 진정성 마약(진정제): 아편, 모르핀, 헤로인, 메사돈, 펜타닐, GHB	
		② 흥분성 마약(흥분제): 필로폰, 코케인, MDMA	
		③ 환각성 마약 (환각제): 칸나비스, 환각식물, 환각물질, LSD, MDMA, 케타민	사이키델릭 마약 (환각제): 칸나비스, 환각식물, 환각물질, LSD
			해리성 마약 (환각제)
			섬망성 마약 (환각제)
	2) 화학합성 여부에 따라	① 100% 천연마약: 칸나비스, 환각식물, 환각물질, 해시시, 아편, 코카 잎	
		② 半화학합성마약: LSD, 해시시 오일, 모르핀, 헤로인, 코케인	
		③ 100% 화학합성마약: 메사돈, 펜타닐, 필로폰, MDMA, 케타민	

이 중 ③ 환각성 마약(환각제)은 약리적 메커니즘에 따라 다시 사이키델릭, 해리성, 섬망성 마약으로 분류한다. 칸나비스, LSD, MDMA, 케타민 등이 환각성 마약인 동시에 사이키델릭 마약이다. 문제는 칸나비스처럼 100% 자연산 사이키델릭 마약이 있지만 케타민과 MDMA처럼 100% 화학합성마약이 있고 LSD처럼 半화학합성마약도 있다.

이 책에서 사용하는 사이키델릭의 의미는 간단하게 표현한다면 【영혼 표현하기Soul Manifesting】이다. 흔히 사이키델릭 현상은 구체적으로 【색깔이 들리고 소리가 보이는 것Hearing Colors and Seeing Sounds】으로 표현된다. 이런 사이키델릭의 특징은 특정의 물고기와 두꺼비와 같은 동물 혹은 식물에서도 찾아볼 수 있지만 이 책에서는 동물은 취급하지 않고 식물 중에서도 10종의 환각식물(균)을 선정해서 설명한다.

담배식물에 니코틴이 있는 것처럼 환각식물에도 다양한 환각물질이 있다. 좋은 예로 벼과식물에 기생하는 어거트Ergot라는 맥각균이 있다. 100% 자연산인 이 맥각균에는 LSD의 전구물질인 LSA라는 환각물질이 존재한다. 호프만 박사는 이 물질에서 LSD를 화학합성한 것이다. LSD를 자연산에서 시작하여 최종적으로 화학합성했기 때문에 半화학합성마약이라고 부른다.

위에서 팔자가 환각성 마약을 세 종류로 분류했지만, 이 책에서 환각제는 세 종류 중에서 사이키델릭 마약과 같은 의미로 사용한다. 물론 이런 분류법이 완전하지 않지만 독자들은 이 분류법을 이해하길 바란다. 이 책의 제목에서 알 수 있듯 다른 표현보다 【환각제】라는 용어를 사용했다. 정확히는 【사이키델릭 마약】이라는 표현이 맞고 좀 더 정확히는 【사이키델릭 환각제】라는 표현이 정확하다.

이 책에서 환각제는 칸나비스(대마초), 환각식물 중에서 실로사이빈 버섯과 환각물질인 실로사이빈, 그리고 LSD에 초점을 맞추어 설명한다. 환각식물 칸나비스와 실로사이빈 버섯은 광의의 개념으로 사이키델릭 '환각제'에 분류했지만, 그 분류에 더 적당한 것은 해시시 오일과 실로사이빈이다. 칸나비스와 실로사이빈 버섯은 사이키델릭 환각식물이라는 표현이 더 정확하다.

요약하면 이 책에서 사용된 【마약】이라는 단어는 광의의 개념으로 향정신성 마약을 의미한다. 【환각제】는 환각성 마약, 사이키델릭 마약, 사이키델릭 환각제로 혼용해서 사용한다. 이런 용어들은 칸나비스, 실로사이빈 버섯과 실로사이빈, LSD로 이해하면 좋겠다. 왜냐하면 위의 환각제들은 사이키델릭 마약이지만 모든 환각제가 사이키델릭 특성을 지니지는 않기 때문이다.

제1장

21세기, 왜 환각제인가?

I have a dream – MLK

최근 한국의 마약사용자가 연간 20,000명이 넘어 버렸다. 결국 마약지수$^{UN\ drug\ index}$ 기준으로 10만 명당 20명을 상회한 30명 가까이 되어, 현재 검찰에서는 【마약과의 전쟁】을 선언하여 난리를 치고 있다. 이에 비해 미국의 마약지수는 10만 명당 세계 최고 수준인 800명에 육박하고 있다. 왜 사람들은 나쁘다는 마약을 할까? 무엇이 문제일까? 이 문제를 해결할 수 있을까? 정답은 없다. 왜냐하면 마약을 하면 기분이 좋기 때문이다.

미국은 이미 100년 전인 1914년 최초로 마약 관련 연방법을 제정한 이래 수없이 많은 마약법을 만들었다. 1956년도에 제정된 마약통제법$^{Narcotics\ Control\ Act}$의 경우, 미성년자에게 마약을 판매할 경우 최고 사형에 처할 수 있을 정도로 처벌 강도를 높였다. 한마디로 지난 100년간 미국의 마약정책은 불법화를 넘어 강력한 범죄화가 되었다. 문제는 이러한 강력한 규제에도 지난 100년간 미국의 마약사용자가 줄어들기는커녕 오히려 급증했다는 사실이다.

그렇다면 필자는 21세기인 지금 왜 환각제에 초점을 맞추어 글을 쓰는가? 지난 20년 동안 학생들에게 마약 관련 강의, 특히 환각제에 대한 이야기를 하면서 생각난 것이 있다. 학생들에게는 말하지 않았지만 솔직히 말해서 LSD를 한번 해 보고는 싶었다. 문제는, 하고 걸렸을 때이다. "마약 전문 교수, 마약을 하다 구속되다."라고 전 언론에서 대서특필되지 않을까? 좋지 않은 면이지만 연예인처럼 일약 유명인이 되는 것은 시간문제다.

해서 생각한 것이 '1급 마약인 LSD 대신 순수한 자연 상태의 환각식물을 해 보는 것은 어떨까?'이다. 그래서 장래 계획 중 하나는 멕시코의 환각식물인 페요테^{Peyote}를 경험하는 것이다. 다른 하나는 멕시코와 유사하게 페루 아마존 유역의 관광 상품인 아야와스카^{Ayauasca} 경험이다. 이 두 식물에는 LSD보다는 훨씬 약한 환각물질이 들어 있지만 그 나름대로 사이키델릭 경험을 할 수 있다. 또한 이런 경험은 합법이기도 하다.

만일 미래에 그런 경험을 한다면 LSD의 원조인 호프만은 물론 추종자인 리어리와 헉슬리처럼 사이키델릭 경험자 중 한 명이 될 수 있는 것이다. 그리고 그런 경험을 토대로 미래에 이 책의 개정판을 낸다면 이 책 또한 그 나름대로 의미가 있지 않을까? 혹시 그런 경험을 하기 전에 LSD가 합법화될지 누가 알겠는가. 2020년 오리건 주가 미국에서 최초로 소량의 LSD 사용을 非범죄화한 것처럼 말이다.

제1장의 목적은 왜 21세기에 다른 마약도 아닌 환각제가 주요 이슈가 될 것인가를 예측하는 것이다. 이를 위해 시대적 상황을 정치 경제 및 사회문화의 거시적 차원과 개인 심리의 미시적 차원 등 세

가지 측면에서 간략히 설명한다.

첫째, 정치경제적 측면이다. 1990년대 이후 지난 30년은 탈냉전, 세계화, 정보화의 시대라 요약할 수 있다. 이 와중에 미국과 중국의 2강 체제가 유지되었다. 미국은 2001년 9·11 테러로 인해 시작된 10년간의 【테러와의 전쟁】으로 막대한 재정 및 무역적자가 생겨 심각한 경기후퇴[2007~2009]를 겪었다. 이 때문에 오바마 행정부는 1조 5,000억 달러를 쏟아부었다. 그리고 난 뒤의 10년 역시 그 후유증이 이어졌다. 대표적인 후유증은 트럼프 행정부에서 시작된 미중 경제 전쟁[2017~2020]으로, 전 세계적으로 부정적 파급효과가 발생했다.

둘째, 사회문화적 측면이다. 1950년대부터 미래 예측적인 전망을 종종 발표하던 미국의 정치학자 헌팅턴은 냉전 이후 전통, 문화, 종교라는 새로운 문화적 대결이 등장할 것이라 예견했다. 그의 예견대로 9·11 테러 이후 미국의 아프간 및 이라크 침공으로 세계는 '기독교 vs. 이슬람'의 갈등을 넘어 현재 미국과 사우디아라비아의 갈등으로까지 이어지고 있다. 한편 1991년 WWW는 인터넷 시대를 열었다. 2004년은 페이스북이 등장하고 2007년은 최초로 아이폰이 출시됐다. 인간 개개인에 새로운 세계가 열린 것이다.

셋째, 개인 심리적 측면이다. 21세기 빅데이터 시대 이래 정보화의 고도성장은 궁극적으로 스마트폰 시대로 들어서는 계기가 되었다. 그로 인해 개인과 개인과의 직접 소통은 멀어지고 궁극적으로 인간관계가 멀어지고 있는 현상이 나타나고 있다. 한마디로 개인의 소외가 심화되고 있다는 의미이다. 이는 10년 전에도 강의할 때, 학부생과의 통화에서 느낀 점이다. 학생들은 직접 통화하기보다는 문자 혹은 카톡을 선호한다. 나이 든 대학원생들도 크게 다르지 않다.

1950년, 미국 사회학자 리스만은 『고독한 군중 The Lonely Crowd』이라는 책을 썼다. 책의 핵심은 인간은 가족중심의 내부지향에서 타자중심의 외부지향으로 발전한다는 것이다. 어쩔 수 없이 타자와 일정 시간 같이 생활해야 하는 상황에서 인간은 타자로부터 소외되지 않기 위해 노력한다. 그 과정에서 느낄 수밖에 없는 내면적 고립감은 자기 상실로 이어지고, 대다수의 사람이 동일한 증상을 경험하기 때문에 궁극적으로 고독한 군중이 된다는 것이다. 한마디로 인간은 타인을 통해 자신을 확인하는 외로운 동물이라는 것이다. 자존심 강한 한국인은 【타자가 바라보는 자신】의 존재를 더 의식한다.

아리스토텔레스는 "인간은 사회적 동물이다"라고 말했다. TV에는 「나 혼자 산다」라는 프로그램이 있지만 대부분의 사람들은 아리스토텔레스가 말한 것처럼 좋든 싫든 타인과 하루의 대부분을 같이 생활한다. 특히 월급쟁이는 더욱 말할 필요가 없다. 한마디로 오늘날 우리들의 자화상은 20세기 【군중 속의 고독】에서 21세기 【스마트폰 속의 고독】으로 변하고 있는 것이다. 이런 요인들이 환각제를 통해 젊은 층의 정신 구조를 30년 만에 부활한 21세기 새로운 형태의 레이브 문화 Rave Culture로 만들고 있다.

2022년 기준 전체 인구의 약 25%가 20~30대이다. 2021년 기준 향정사범의 55%, 대마사범의 81%가 20~30대가 차지하고 있다. 특히 대마사범의 경우 20대가 50%를 차지한다. 2021년 기준 마약류 사범의 57%가 20~30대였다. 이것은 향후 20~30대가 불법마약의 주요 사용자로 등장할 가능성이 가장 높다는 의미이다. 이들 연령대의 핵심적 특징은 집단보다는 개인의 행복을 중시한다는 것이다. 그리고 남과 다른, 이색적 경험을 추구하는 세대로 쉽게 환각제에 빠져들 가능성이 높은 세대이기도 하다.

이들은 나와 같은 구세대가 선호하는 페이스북보다는 인스타그램, 트위터, 유튜브와 같은 SNS 활동을 더 선호한다. 마약도 이 SNS를 통해 쉽게 구입할 수 있다. 이런 20~30대의 성향은 코로나 상황을 통해 더욱 확산되었다. 더구나 가까운 미래에는 새로운 전염병이 더욱 창궐할 것이라는 전망이 있다. 그럴수록 20~30대들의 마약류 특히 환각제 사용도 증가할 것이라 전망한다.

3년 동안의 코로나 시대가 많은 것을 변화시켰고, 앞으로도 변화될 예정이다. 국제정치적으로 기존의 미국과 중국을 중심으로 하는 2강 체제가 서서히 재편될 것이다. 이미 미국은 9·11 이후 200년 제국의 쇠퇴가 시작되고 있다. 제국으로서의 미국을 지탱한 군사력은 경제력이 뒷받침되어야 한다. 헌데 지난 70년 동안 미국은 온갖 다른 국가들의 전쟁놀이에 개입하면서 재정을 소비했다. 결국 미국은 재정적자와 무역적자라는 쌍둥이 적자로 인해 기축통화인 달러가 위협받고 있다.

미국은 9·11 테러 이후 10년 동안 3조 달러 이상을 소비했다. 매년 발행하는 달러 액수를 발표하지 못할 정도였다. 그에 따른 경기 침체로 인해 앞에서 지적했듯 오바마 행정부는 1조 5,000억 달러를 소비했다. 코로나 사태로 인해 트럼프 행정부는 60억 달러를 소비했다. 결국 미국은 대공황 이래 2020년 최악의 경제위기 상황에 이르게 되었다. 이와 같은 무지막지한 국고 소모는 결국 인플레이션으로 이어졌고, 금리 인상을 추진할 수밖에 없는 상황에 이르렀다. 2023년 3월 고금리로 인해 미국의 한 은행이 파산했다.

코로나 진원지인 중국도 마찬가지이다. 2014년 시진핑 총서기가 미국에 대적하기 위해 추진한 육상과 해상의 21세기 실크로드라 불린 일대일로(帶一路) 경제권 구상은 대략 60여 개 국가가 직간접적으로 참여하였다. 이는 중국이 국제사회에서 주도적 국가로 부상하려는 야심 찬 정치경제적 계획이었다. 하지만 이 구상은 많은 국가를 경제 파탄으로 유도하였다. 더구나 중국의 이런 경제 구상을 무너트리기 위한 트럼프 행정부의 경제적 압박은 냉전시대 미소 강대국의 편 가르기처럼 보이기도 한다.

이는 많은 국가들의 자국 이익 최우선이라는 정책으로 이어지면서 국가의 역할을 강화하는 양상을 보이기 시작했다. 더구나 코로나 시대로 인해 국가의 역할이 더욱 강대해질 것이라는 예측도 나왔다. 하지만 이는 피상적인 모습이다. 실제로는 국가보다 다국적 대기업들이 주도하는 시대로 이어질 것이라는 예측이 좀 더 유력하다고 한다. 정치권력은 유한하지만 경제권력은 무한하기 때문이다.

코로나 시대 때 떼돈을 번 기업은 백신을 만든 기업이다. 이들 기업은 향후 새로운 전염병이 등장할 때마다 국가권력을 뛰어넘으며 글로벌 차원에서 더욱 세력을 확장할 것이다.

제1세대인 1960년대, 제2세대인 1990년대를 지나 제3세대인 2020년 이후, 가까운 미래에 새로운 형태의 환각제 문화가 등장할 것으로 예측하고 있다. 코로나 시대가 이를 더욱 앞당겼고 향후 새로운 전염병이 등장할 경우, 이런 양상이 나타날 가능성은 더욱더 높다. 지속될 경제위기와 함께 이미 생활화된 비대면 문화는 일부 젊은 층의 새로운 우울증으로 유도될 수 있다고 한다. 2022년 미국의 갤럽조사는 미국사에서 처음으로 담배보다는 대마초를 더 피운다고 발표했다. 이 때문에 바이든 대통령도 단순한 대마초 소지자는 모두 사면했다.

요약하면 이런 경향을 극대화하는 가장 중요한 요인은 대마초와 LSD와 같은 환각제의 의학적 효과 가능성이다. 좋은 현상은 2011년 이래 글로벌 차원에서 사이키델릭 리서치에 대한 관심과 컨퍼런스가 많이 개최되고 있다는 것이다. 대표적인 회의는 영국에서 2년마다 개최되는 사이키델릭 의식에 대한 회의 Breaking Convention 이다. 가장 최근에는 2023년 4월, 영국 엑스터 대학 U. of Exeter 에서 개최되었는데 40개 국가의 200여 개의 논문이 발표됐다. 미국도 2013년에 최초로 사이키델릭 과학 컨퍼런스를 개최했다. 현재, 세계에는 환각제라는 바람이 불고 있다.

제2장

환각식물, 환각물질, 환각제

Nature never deceives us: it is always we who deceive ourselves - Rousseau

서문에서 마약 관련 용어에 대해 간략하게 설명했다. 그러나 본격적으로 운동하기 전에 준비운동이 필요하듯이 상식적인 수준에서 꼭 필요한 전문용어에 대해 좀 더 상세히 알아 둘 필요가 있다. 또한 필요하다고 판단되면 영어도 함께 사용했다.

1. 전문용어 쉽게 풀이하기

첫째, 마약麻藥이라는 용어이다. 한국어로는 마약이라는 한 단어만 사용하지만 영어로는 세 개(Narcotic/Drug/Substance)가 있다. 예를 들면 아래와 같다.

- ◎ The Harrison **Narcotics** Tax Act: 1914년에 제정된 최초의 미국 연방마약법
- ◎ The Controlled **Substances** Act: 1970년에 개정된 미국 연방마약법
- ◎ The Anti-**Drug** Abuse Act: 1986년에 제정된 미국 마약법
- ◎ The UN Convention against Illicit Traffic in Narcotic

Drugs and Psychotropic Substances: 1988년에 제정된 UN 마약협약
◎ The War on Drugs: 마약과의 전쟁

　엄밀히 말해서 세 가지 용어에는 차이가 있긴 하지만 일반적으로는 혼용해서 사용한다. 그럼에도 굳이 구분한다면 Narcotics이라는 용어는 고대 그리스어^{To Make Numb, 마비시키다}에서 유래되었다. 이를 그대로 적용한 가장 좁은 의미로는 천연마약인 아편을 의미한다. Drugs는 불법마약과 합법 의약품^{Drug Store}을 포함한 넓은 의미로 사용한다. Substances는 【마약】이라는 뜻보다는 【약물】이라는 뜻으로 많이 사용하는데, 합법적으로 사용하는 커피, 담배, 알콜 등도 포함하는 가장 포괄적 용어이다.

　Narcotics의 경우, 1988년 UN 협약에 따르면 넓은 의미로는 칸나비스, 양귀비, 코카 잎 등의 천연식물, 그것에서 추출한 해시시와 아편 등의 천연마약, 그것을 다시 화학합성하여 만든 해시시 오일, 모르핀, 헤로인, 코데인, 코케인 등의 합성마약을 모두 포함한다. 그러나 미국 의료계는 아편제^{Opiates: 아편, 모르핀, 코데인}와 아편 유사제^{Opioids: 헤로인, 메사돈, 펜타닐}로 한정했다. 좁은 의미의 아편제와 넓은 의미의 아편 유사제는 엄밀한 의미에서 차이가 있지만 현재는 주로 천연 및 천연합성을 모두 포함하여 후자의 용어를 사용한다.

　이런 맥락에서 미국 의료계는 원래의 의미에 따라 정확하게 구분하여 사용했지만 법조계는 이 용어를 법조문에 따라 사용하고 있

다. 예를 들면, 1970년 미국 연방마약법은 코케인과 메스암페타민을 2급 마약으로 지정했지만 실제로 법정에서 판사는 메스암페타민을 소지한 것보다 코케인을 소지한 것을 더 무겁게 처벌한다. 왜냐하면 미국 법 및 국제법에 따라 코케인을 Narcotics으로 분류하기 때문이다. 이는 연방법보다 국제법이 더 우선시되는 것을 보여주는 사례이다.

코케인을 법에 따라 천연합성마약으로 취급해 Narcotics으로 분류하는 것까지는 이해할 수 있다. 그러나 문제는 사람의 죄를 다스리는 판사가 오락용 수준의 코케인 소지를 중독성이 훨씬 강한 메스암페타민 소지보다 더 무겁게 처벌하는 것이다. 이는 좁은 법조문에 갇혀 있는 【우물 안의 개구리】 꼴이 아닐 수 없다. 판사가 직접 두 마약을 해 본다면 그런 판결을 할 수 있을까? 하긴 진짜 오락용 수준인 마리화나와 엑스터시를 1급 마약으로 지정하는 수준이니 할 말이 없다.

용어와 관련된 재미있는 이야기가 있다. 1980~1990년대 미국(코케인의 소비지)과 콜롬비아(코케인의 생산지) 간의 마약문제가 한창 격렬했던 적이 있었다. 1990년대 초반, 필자는 콜롬비아의 마약테러에 대한 인터뷰와 자료 수집차 그곳에 있었다. 흥미로운 점은 마약에 대한 언론이었다. 당시 미국은 미국의 코케인 문제가 생산국인 콜롬비아에 있다고 비난했다. 미국은 "생산이 없으면 소비는 없다."라는 주장이다. 그러나 콜롬비아는 "소비가 없으면 생산도 없다."라고 반박했다.

상호비판은 언론의 용어에서도 등장한다. 미국 언론은 마약이라는 영어 표현인 【Drug】보다는 콜롬비아 표현인 【Narco】라는 용어를 주로 사용했다. 예를 들면 마약밀매의 용어를 【Drug Trafficking】 대신 【Narco Trafficking】이라는 용어를 사용한 것이다. 반면 콜롬비아 언론은 【Narco】보다는 영어식 표현인 【Droga】라는 용어를 주로 사용했다. 예를 들면 마약밀매의 용어를 【Narcotráfico】 대신 【El Tráfico de Drogas】라는 용어를 사용한 것이다. 한마디로 양 국가가 마약문제를 은연중 상대방의 책임이라고 하며 같은 의미의 서로 다른 용어로 떠넘긴 꼴이다.

둘째, 향정신성 마약^{Psychoactive Drugs=Psychoactive Substances}의 의미이다. 향정신성이라는 용어는 인간의 신체에 흡수되어 중추신경계와 연결된 뇌에 도달할 경우, 인간의 정신 상태에 진정, 흥분, 환각 등의 효과를 일으켜 의식과 행동에 다양한 영향을 주는 것을 의미한다. 또한 많이 사용하면 습관을 넘어 중독되는 물질을 의미하기도 한다. 단순한 효과에서 더 나아가 다양한 부작용들도 나타날 수 있다. 향정신성 물질의 대표적인 예에는 헤로인, 코케인, 마리화나뿐만 아니라 알콜, 담배, 커피 등도 포함된다.

문제는 이 단어에 Drugs 또는 Substances를 붙이면 알콜, 담배, 커피와 같은 합법약물들은 제외된다는 것이다. 왜냐하면 법조문을 만든 사람들이 알콜과 담배, 커피 등은 비교적 인체에 끼치는 악영향이 적다고 판단했기 때문이다. 물론 필자는 알콜과 담배가 불법마약인 칸나비스보다 인체에 더 해롭다고 생각한다. 여하간 넓은 의미의 향정신성 마약은 모든 규제약물을 의미한다.

셋째, 향정신성 마약들의 분류이다. 이 분류에는 전문적이고 다양한 방법이 있다. 예를 들어 마리화나, 아편, 코카 잎처럼 100% 자연산인 마약식물과 천연마약, 해시시 오일, 모르핀, 헤로인, 코케인 등과 같이 천연마약에 화학물질을 첨가하여 만든 半화학합성마약, 마황식물을 사용하지 않은 메스암페타민과 같은 100% 인공적으로 만든 화학합성마약 등으로 구분할 수 있다. 이 책에서는 독자들에게 보다 익숙한 향정신성 마약이 중추신경계를 통해 뇌에 미치는 영향에 따라 세 가지 특징으로 분류했다.

◎ 진정성^{Depressants}: 아편, 모르핀, 코데인, 헤로인, 메사돈, 펜타닐, GHB
◎ 흥분성^{Stimulants}: 코케인, 메스암페타민, MDMA^{Ecstasy}
◎ 환각성^{Hallucinogens}: 칸나비스, LSD, MDMA, 케타민

진정성 및 흥분성 마약에는 크게 설명할 부분이 없다. 그러나 이 책의 주제인 환각성 마약의 경우 좀 더 설명이 필요하다. 【용어 정리】에서 간략히 설명했듯이 환각성 마약(환각제)은 약리적 메커니즘에 따라 사이키델릭, 해리성, 그리고 섬망성 환각제로 세분할 수 있다. 환각제에 대한 설명은 다소 복잡하여 후에 다시 설명한다.

넷째, 향정신성 마약의 기본 속성이다. 마약의 기본 속성에는 다양한 분류 방법이 있으나, 이 책에서는 WHO의 기준에 따라 크게

세 가지인 육체 및 심리적 의존성^{Dependence}, 내성^{Tolerance}, 금단증상 $^{Withdrawal\ Syndrome}$으로 분류한다. 이와 같은 속성들이 심화되면 인간의 뇌에 생화학적 변화를 일으켜 정신 상태에 영향을 주게 된다. 이를 일반적으로 중독^{Addiction}이라는 용어로 표현한다. 엄밀한 의미에서 【의존성】과 【중독】은 다르다. 의존성 없이 중독될 수 있고, 중독 없이 의존성이 발생할 수도 있기 때문이다.

【의존성】은 특정 약물에 대한 육체적 혹은 심리적 필요 혹은 갈망을 의미한다. 【내성】은 특정 약물의 사용량이 증가하는 것을 의미한다. 예를 들면, 처음 엑스터시를 사용한 경우, 보통 한 알 정도면 밤새도록 즐겁게 춤을 춰도 큰 피로를 느끼지 않는다고 말한다. 그러나 만일 엑스터시를 꾸준히 사용한다면, 더 이상 한 알로는 처음과 같은 효과를 내기 어려울 것이다. 사용자에게 내성이 생긴 것이다. 마약이든 술이든 조금씩 꾸준히 섭취하면 우리 신체는 점차 내성이 강해진다.

마약을 처음 경험했을 때, 너무 좋아진 기분을 수치로 100이라고 가정해 보자. 만약 그다음에 같은 양의 마약을 계속 경험하게 된다면 기분수치는 100이 아니라 90, 70, 50과 같이 지속적으로 하락하게 된다. 내성은 고등학교에서 배운 한계효용체감의 법칙과 같다. 배가 고파 자장면을 먹는다고 했을 때, 처음 먹을 때에는 맛있지만 먹으면 먹을수록 맛이 감소하는 이치이다. 결국 마약사용자는 마약을 처음 경험했을 때의 기분수치인 100을 다시 느끼기 위해 마약 사용량을 증가시키거나 다른 마약을 섞어 사용하게 된다. 이 때문에 마약사용자들은 중독의 수렁에서 벗어나기 쉽지 않은 것이다.

【금단증상】은 마약을 중단했을 경우 나타나는 육체적·심리적 부작용을 의미한다. 금단증상은 마약의 종류에 따라 다르게 나타난다. 필자가 강의할 때 우스갯소리로 나중에 사회에 나가 어쩔 수 없이 마약을 할 경우, 반드시 가능한 한 비싼 천연마약을 사용하라고 말했다. 불순물이 섞인 싸구려 화학합성마약은 인간의 뇌에 더욱 치명적인 악영향을 끼치고, 뇌세포를 파괴하기 때문이다. 한번 파괴된 뇌세포는 회복하기가 결코 쉽지 않다. 아편은 100% 천연마약이기 때문에 중독되어도 거의 100%로 회복할 수 있다. 양식 회보다 자연산 회가 훨씬 비싼 이유이다.

2. 주요 환각식물

【전문용어 쉽게 풀이하기】가 용어 풀이의 맥락에서 총론이라 한다면, 이제부터 설명하려는 환각식물, 환각물질, 환각제는 본론이라고 할 수 있다. 번거롭겠지만 이 부분에서도 혼동을 유발하는 세 가지 전문용어에 대한 이해가 필요하다. 다시 말하면 위에서 언급한 향정신성 마약 중에서도 범위를 좁혀 환각성 마약에 대한 이해가 필요하다. 이를 이해하면 범위를 더욱 좁혀야 필자가 궁극적으로 설명하려는 사이키델릭 마약의 핵심으로 들어갈 수 있는 것이다.

먼저 이해해야 할 세 가지 전문용어는 모두 비슷한 의미를 지닌 환각^{Hallucinogen}, 사이키델릭^{Psychedelic}, 인씨어전^{Entheogen}이다. 어원을 알아보면, 【Hallucinogen】이라는 용어는 원래 라틴어에서 유래되었는데, 실제로 사용된 것은 영국 엘리자베스 1세 시절인 1595~1605년까지 거슬러 올라간다. 【Psychedelic】이라는 용어는 1956년, LSD 연구자 오스몬드$^{Humphry\ Osmond}$가 만든 신조어이다. 그리고 영적^{靈的} 의미를 지닌 【Entheogen】은 1979년, 신화를 연구하는 학자들이 만든 신조어이다.

환각현상에는 세 종류가 있다. 이 글은 그중 사이키델릭에 초점을 맞췄다. 사이키델릭이 일반적인 환각현상과 다른 점은 환각현상을 증폭시키기 위해 촉매제를 사용한다는 것이다. 다시 말하자면 사이키델릭 식물 및 물질 혹은 마약을 직접 경험하고 난 뒤, 촉매제를 통해 인간 의식에 더 많은 감정과 사고를 유도하는 것을 '사이키델릭'이라고 하는 것이다. 한마디로 【영혼 표현하기$^{Soul\ Manifesting}$】라고 부른다. 흥미로운 점은 수양이 깊은 티벳 고승들에게 사이키델릭 식물을 줘 봤는데, 그들은 환각을 느끼지 못했다는 점이다. 이것이 사실이라면 사이키델릭 식물을 통한 환각현상은 보통 사람들에게만 해당된다는 의미이다.

구체적으로 사이키델릭 현상의 핵심은 【색깔이 들리고 소리가 보이는 것$^{Hearing\ Colours\ and\ Seeing\ Sounds}$】이라 표현할 수 있다. 좋게 말하면 인간 의식이 새로운 세계로 들어가는 것이고 나쁘게 말하면 미쳤다고 말할 수 있다. 이런 현상을 공감각^{Synesthesia}이라고도 말한다. 대마초의 경우, THC의 농도가 20% 이하라면 이런 현상이 드물지만,

30% 이상이면 종종 나타난다고 한다. 필자도 직접 경험해 보지 않아 THC 농도가 어느 정도여야 이런 현상이 나타나는지는 정확히 알지 못한다.

인씨어전 현상은 사이키델릭처럼 또 다른 환각의 일종이지만 환각식물에 한정된다. 인씨어전은 고대인들이 종교 의식용, 샤머니즘, 의료용, 오락용 등 다양하게 사용한 사이키델릭 식물 등을 섭취하는 행위를 묘사한 용어이다. 이런 고대 전통은 현재 멕시코의 페요테^{Peyote} 관광, 페루의 아야와스카^{Ayahuasca} 관광, 미국 남부에 존재하는 원주민 교회$^{The\ Native\ American\ Church}$에서 여전히 사용하고 있다. 미국은 이런 식물들의 사용을 전반적으로 법으로 제한하고 있지만 원주민 교회의 경우 허용하고 있기 때문이다.

향정신성 식물은 매우 많다. 대표적으로 수천 년 동안 사용한 양귀비, 코카나무, 대마식물, 페요테 등이 있다. 이 글은 이런 향정신성 식물에서 범위를 좁혀 가능한 한 환각식물에 초점을 맞췄다. 그 환각식물조차 다양하다. 또한 모든 환각식물을 설명할 수는 없기에 환각식물 중에서 주로 사이키델릭 식물에만 초점을 맞췄다. 대표적인 사이키델릭 식물과 균류는 〈표 2-1〉과 같다.

〈표 2-1〉 사이키델릭 식물

사이키델릭 식물	한국명	비고
Cannabis(marij(h)uana)	대마초, 마리화나	식물
Ergot	맥각균	균Fungi
Psilocybin Mushrooms	실로사이빈 버섯	버섯Magic Mushroom
Amanita Muscaria	광대버섯	
Peyote	페요테	선인장Cactus
San Pedro	산 페드로	
Ayahuasca	아야와스카	식물
Iboga	이보가	
Morning Glory	나팔꽃	
Salvia Divinorum	살비아 디비노럼	

식물학적 용어인 【칸나비스Cannabis】의 법률적 용어는 【마리화나(대마초)】이다. 이 식물은 따뜻한 평원지대에서 자라는 사티바종Cannabis Sativa과 서늘한 고원지대에서 자라는 인디카종Cannabis Indica으로 분류한다. 이 중 한국에서 볼 수 있는 것은 사티바종이다. 전자는 주로 마약은 물론 다양한 용도로 사용되지만 후자는 주로 마약으로만 사용한다. 사티바종 중에서도 산업용으로 사용하는 햄프Hemp는 구석기시대부터 많은 문명시대에 이용되었다. 예를 들면 산업용(종이와 동아줄), 섬유(삼베옷), 식용(햄프 씨) 등이 있다. 다만, 햄프에는 THC 성분이 거의 없다.

【어거트Ergot】는 주로 호밀, 밀, 보리 등에 기생하는 균으로, 맥각병Ergotism을 일으킨다. 이 때문에 고대 시리아에서는 【피의 딸Daughter of Blood】로 명명하기도 했다. 이 균이 포함된 호밀 등을 섭취할 경우 환

각증상이 나타날 수 있고, 심할 경우 심각한 병리적 증상을 유발하거나 사망까지 이를 수 있다. 이 균에는 LSD의 전구물질인 LSA라는 환각물질이 있기 때문이다. 어거트는 현재 파킨슨병$^{Parkinson's\ Disease}$의 치료제로 연구 중이다.

【실로사이빈 버섯$^{Psilocybin\ Mushrooms}$**】**에는 수백 종이 있으며, 주로 멕시코에서 발견된다. 건조된 오락용(1~2.5g)으로 버섯을 섭취하면 간에서 환각물질^{Psilocybin}을 생성한다. 약 20분 후 환각효과가 일어나는데, 대략 3시간 정도 지속된다. 사람마다 다르긴 하지만 오락용 버섯은 보통 육체적·정신적 의존성이 없다. 합법 의약품도 마찬가지이지만 문제는 항상 오·남용에 있다. 과용하면 심각한 세로토닌증후군이 발생한다. 이 때문에 합법화한 국가의 의학 클리닉에서는 환자에게 처방할 때, 주의 깊게 관찰하면서 용량을 조절하고 있다.

【광대버섯$^{Amanita\ Muscaria}$**】**은 시베리아와 같은 북반구에서 서식한다. 고대 종족들은 주로 종교와 오락용으로 사용했다고 한다. 샤먼이 이 버섯을 음용한 후, 더 많은 향정신성 성분^{Muscimol}이 있는 오줌을 마셨다는 기록도 있다. 이 버섯도 건조한 후 갈아서 음용할 수 있다. 지금은 불법이지만 영국의 길거리에서 음료로 판매한 적이 있다. 광대버섯의 효과는 약한 환각경험과 피로회복 정도이다. 스위스에서는 **【Devil's Hat】**이라고 불리며, 핀란드에서는 산타클로스의 날아다니는 사슴이 이 버섯 사용을 상징한다. 가장 유명한 것은 일본 게임에 등장하는 슈퍼버섯으로, 마리오가 Power-Up할 수 있는 아이템이다.

【페요테Peyote】는 스페인어로, 원래는 아스테카 언어Nahuatl인 페요틀Peyōtl에서 유래됐다. 이 선인장은 멕시코의 시에라 마드레 산맥Sierra Madre Occidental과 치와와 사막Chihuahuan Desert에서 주로 서식한다. 선인장을 잘게 썰어 우유에 섞어 마시면 약한 환각증상과 공감각 효과를 느낀다고 한다. 육체적 의존성은 없지만 일부 사람들에게 정신적 의존성이 나타날 수 있다고 한다.

【산페드로San Pedro】는 예수 12사도의 하나인 성인 베드로의 이름을 따서 지었다고 한다. 그가 천국으로 가는 열쇠를 쥐었듯이, 이 선인장을 사용하면 지상에서도 천국으로 도달할 수 있다는 의미이다. 산페드로는 고도 2,000~3,000m의 안데스 산맥에서 자라는데, 페요테보다 더 빠르게 자란다. 또한 3,000년 넘게 안데스 산맥의 여러 문명Moche, Nazca, Chavín에서 전통적으로 치료용과 종교용으로 이용했다고 한다. 섭취 방법과 효과는 페요테와 비슷하다. 그러나 페요테와는 달리 단순히 재배하는 것은 합법이이지만 마약의 목적으로 재배하는 것은 대부분 불법이다.

【아야와스카Ayahuasca】는 페루의 아마존 유역에서 자생하는 식물이다. 원래는 페루 원주민의 언어인 케추아Quechua어로는 *Ayawaska*이라고 하고, 그걸 풀어서 쓰면 Aya+Waska가 된다. 전자는 정신 혹은 영혼, 후자는 덩굴을 의미한다. 아야와스카에서 환각성분은 잎에 있는데, 잎을 따서 발효시켜 차로 마시면 시각적 환상을 불러일으키는 신비한 사이키델릭 경험을 할 수 있다고 한다. 멕시코에 페요테 관광상품이 있다면 페루에는 아야와스카 관광상품이 있다. 필자

는 기회가 된다면 꼭 경험하고 싶다.

【이보가Iboga】는 중앙아프리카에서 자생하는 식물이다. 원래 피그미Pygmy족이 발견했으나 가봉의 브위티Bwiti족에게 지식을 전수했다. 환각성분은 주로 뿌리에 있으며, 잎에 있는 환각성분은 뿌리의 50%에 불과하다. 섭취했을 경우, 꿈결에 있는 것 같은 사이키델릭 효과가 있다고 한다. 이 때문에 공포와 부정적 감정을 극복하는 심리치료제로 이용되기도 한다. 중앙아프리카를 여행하다 보면 뿌리를 갈아 만든 고등색 음료수를 길거리에 판다고 하니, 피로회복제로 음용해도 좋다. 다른 환각식물처럼 이보가를 이용한 중독 관련 치료센터들이 멕시코, 브라질, 캐나다, 네덜란드, 남아공, 뉴질랜드, 코스타리카 등에 있다.

【나팔꽃Morning Glory】은 중국에서 처음으로 알려졌다. 일본에서는 관상용으로 많은 가정에서 재배하고 있다. 한국에도 여름철 들판에 널려 있는 꽃이다. 나팔꽃은 씨에 환각물질이 있는데, 아스테카 문명에서 사용한 기록이 있다. 불행히도 나팔꽃의 환각물질은 미국과 멕시코의 국경지대에 자생하는 나팔꽃에만 존재한다.

제2의 대마초라 불리는 【살비아Salvia Divinorum】의 기원은 미스터리다. 아스테카 문명에서 사용되다가 스페인 식민지 동안 기독교화된 종교적 샤먼들이 성녀 마리아의 화신으로 이용하기도 했다. 이 식물은 1939년 멕시코 서남부에 위치한 마자텍Mazatec족의 샤머니즘을 연구하던 미국의 고고학자이자 언어학자인 존슨Jean Bassett

Johnson이 발견했다. 1962년 호프만은 이 식물에 【Salvia of the Ghosts】라는 새로운 이름을 부여했다. 섭취 방법은 잎을 채취해 씹어 먹거나 흡연, 차로 이용한다. 경험자에 의하면 효과는 의식이 변경되는 황홀상과 진정성의 명상을 느낀다고 한다. 한국, 일본, 홍콩 등에서는 불법이다.

3. 주요 환각물질

10종류의 식물(균)에는 조금씩 다른 화학적 알칼로이드^{Alkaloid}가 존재한다. 알칼로이드는 식물 속에 있는 질소를 포함한 염기성 유기 화학물을 총칭하는 것으로, 자연적으로 발생한 유기 화학물은 식물 내에서 중요한 약리작용을 한다. 담뱃잎에 니코틴이 있듯이, 거의 모든 식물에는 자신을 보호하기 위해 니코틴이 조금씩 있다. 그중 담뱃잎에 가장 많은 것이다. 니코틴처럼 사이키델릭 식물에 있는 유기 화학물이 바로 환각물질이다. 문제는 대부분의 사이키델릭 식물과 다양한 환각물질이 인간에게 어떻게 사이키델릭 효과를 유도하는지가 해결되지 않은 상태라는 점이다.

⟨표 2-2⟩ 사이키델릭 식물과 환각물질

사이키델릭 식물	환각물질	2022년 미국 기준 등급
Cannabis	THC	1등급 마약물질
Ergot	Ergine(LSA)	3등급 마약물질
Psilocybin Mushrooms	Psilocybin	1등급 마약물질
Amanita Muscaria	Ibotenic Acid	CSA 규제대상 아님
Peyote	Mescaline	1등급 마약물질
San Pedro	Mescaline	1등급 마약물질
Ayahuasca	DMT	1등급 마약물질
Iboga	Ibogaine	1등급 마약물질
Morning Glory	Ergine(LSA)	3등급 마약물질
Salvia Divinorum	Salvinorin A	CSA 규제대상 아님

칸나비스에는 500~600개 정도의 화학물질이 있다. 그중 약 100개 정도의 화학적 특성이 상이한 칸나비노이드[Cannabinoids]가 있다. 이것이 신체에 유입되면 육체적·정신적 효과를 일으킨다. 이들 중에서 가장 대표적이고 핵심적인 물질이 THC[Cannabinol]와 CBD[Cannabidiol]이다. 이 중 환각물질은 칸나비스의 주성분인 THC이다. CBD는 향정신성 효과가 없기 때문에 주로 의약품으로 사용한다. 칸나비스 식물에는 양자의 비율이 유전적으로 고정되었으나, 유전자 조작을 통해 그 비율을 바꿀 수 있게 되었다. THC는 1964년 이스라엘 화학자 머슐럼[Raphael Mechoulam]이 처음 추출했다.

THC는 세 가지 향정신성 효과가 있다. 첫째, 느긋함에서 오는 행복감을 느낄 수 있다. 둘째, THC 성분이 높으면 환각제 특징으로 좋은 경험[Good Trip]과 나쁜 경험[Bad Trip]이 나타난다. 칸나비스를 사용하기 전에 사용자의 정신 상태에 따라 깊은 철학적 사고에 의한 자기성찰 혹은 근심과 편집증 등이 나타날 수 있다. 셋째, 심장박동의 증가와 배고픔을 느낄 수 있다. THC는 니코틴과 알콜에 비해 의존성과 금단증상이 거의 없거나 매우 약한 수준이다. 그러나 칸나비스를 매일 사용할 경우, 심리적 금단증상으로 과민성 및 불면증이 나타날 수 있다.

THC는 1961년과 1971년 UN 협약에 따라 1등급 환각물질로 분류되었다. 그러나 1991년, WHO의 권고에 따라 2등급으로 낮추었다. 현재 WHO는 3등급 마약으로 더 낮출 것을 권고하고 있다. 그러나 미국은 웬만하면 국제협약의 규정에 따름에도 불구하고 1960년대 대학생들의 반전데모로 호되게 당했는지 1970년 제정된 CSA에 따라 THC를 여전히 1등급 환각물질로 분류하고 있다.

어거트와 나팔꽃에 있는 에르긴에는 LSA라는 사이키델릭 속성을 지닌 환각물질이 있다. 이것이 바로 LSD의 전구물질이다. 페요테와 산페드로에 있는 환각물질은 메스칼린이다. 이 물질은 LSD와 실로사이빈과 유사한 환각효과를 일으키는 사이키델릭의 전구물질이다. 이보가의 환각물질인 이보게인은 진정성을 지닌 사이키델릭 속성의 향정신성 물질이다. 이 물질의 특이성은 마약중독의 대안 치료제로 이용된다는 점이다. 마약으로 마약을 치료하는 이이제이^{以夷制夷} 방법이다.

실로사이빈 버섯에는 환각물질인 실로사이빈이 있다. 문제는 실로사이빈은 생물학적 그 자체로는 활성화되지 않는다는 것이다. 그러나 인체에 들어오게 되면 빠르게 실로신^{Psilocin}으로 전환된다. 이후 뇌의 BBB$^{Blood-Brain Barrier}$를 통과해 기분을 좋게 만드는 세로토닌 호르몬의 분비를 촉진시킨다. 그리고 2~6시간 정도의 의식변경 혹은 시간왜곡과 같은 사이키델릭 효과를 불러일으킨다. 또한 이 물질은 LSD, 메스칼린, DMT와 유사한 효과를 불러일으킨다. 1959년, 호프만이 이를 처음으로 추출했다. 광대버섯에 있는 환각물질은 향정신성 효과를 지닌 전구물질이다.

아야와스카의 환각물질은 DMT이다. DMT의 효과는 실로사이빈과 유사하다. 그러나 빠른 반응에 비해 지속시간이 짧다. 살비아의 환각물질은 살비노린으로 진정성 환각효과를 지닌다. 살비노린은 DMT, 실로사이빈, 메스칼린처럼 자연적으로 발생하는 환각과는 구조적으로 다르다. 왜냐하면 그 환각물질에는 질소가 없어 알칼로이드가 아니기 때문이다. 주로 아편제와 유사작용에 반응한다.

4. 주요 환각제

사이키델릭 식물은 100% 자연산이다. 그런 식물에 있는 환각물질 역시 100% 자연산이다. 자연산 환각물질에 화학적 합성을 하여 만든 것이 환각제이다. 예를 들면 인디카종의 칸나비스 암꽃의 꽃가루로 만든 해시시가 있다. 이 해시시에다가 화학합성을 하여 만든 것이 THC 농도 60%에 이르는 해시시 오일이다. 이 때문에 해시시 오일을 환각제라 부르는 것이다. 농도가 짙기 때문에 담배에 해시시 오일을 한 방울 떨어트려 사용하면 대마초를 피우 것보다 훨씬 강하고 부드러운 환각을 느낄 수 있다. 1938년 호프만이 어거트에서 화학합성한 LSD도 마찬가지이다.

결론적으로 사이키델릭 식물들의 정치경제 및 사회문화적 영향력은 향후 지속적으로 증대될 것으로 예상한다. 특히 세로토닌성 Serotonergic 사이키델릭 식물을 보통 【고전 사이키델릭 식물】이라고 부른다. 그런 식물에 포함된 다양한 환각물질들은 인간의 신경 체계 기능에 다양한 정신적 변화를 준다. 문제는 사이키델릭 마약들이 인체 내에 어떻게 작용하는지는 많은 부분 밝혀지지 않았다는 것이다.

사티바 대마초를 제외한 위에서 언급한 환각식물들은 국내에 존재하지 않는다. 그러나 아프리카, 유럽, 중남미 등으로 여행을 가게 되면 길거리에서 이런 100% 자연산 사이키델릭 식물들을 잎이나 뿌리를 갈아 만든 음료수 혹은 차의 형태로 맛볼 기회가 있을 것이다. 여행의 피로 회복에는 최고라고 한다. 그 나라에서는 그런 것이 불법이 아니기 때문이다. 그렇다고 그런 것들은 마셨다고 쓸데없이 자랑하지는 말기 바란다. 아래 〈표 2-3〉은 검출 기간이니 참고하기를 바란다.

⟨표 2-3⟩ 주요 환각제 마약에 대한 일반적 검출 기간

환각제	소변	머리카락	혈액
MDMA	3~5일	90일	3~4일
대마초	-가끔 사용자: 22분 -종종 사용자: 7~10일 -자주 사용자: 30~100일	90일	2~3일
LSD	1~4일	4일	2~4일

제3장

사이키델릭 마약사:
칸나비스와 LSD

The best prophets of the future is the past - Byron

왜 환각제의 과거사를 알아야 하는가? 왜냐하면 역사와 철학은 모든 학문에서 가장 기초적인 토대가 되기 때문이다. 과거에 연연할 필요는 없지만 과거의 성찰 없이 현재와 미래에 대한 통찰력을 가질 수는 없다. 약 50억 년 동안 지구라는 세계의 주체는 수없이 많았지만, 대략 400~600만 년 전 최초의 인류 조상이라는 【루시^{Lucy}】가 등장하고 인류는 지속적으로 진화했다. 그리고 어느 순간 인간은 지구상에서 가장 중요한 주체가 되었다. 나머지는 상대적으로 객체라고 할 수 있다.

객체는 눈으로 볼 수 있는 동식물은 물론 눈에 보이지 않는 것도 포함하여 한마디로 다소 추상적인 구조라고 할 수 있다. 역사학자 카$^{E.\ H.\ Carr}$는 1961년 그의 저서 『역사란 무엇인가$^{What\ Is\ History?}$』에서 "역사에서 주체와 객체는 양립하지 않는다."라고 말했다. 마찬가지로 비록 【사회행위자】로서 인간은 주체라 하더라도 【사회구조】라는 객체와 끊임없이 서로 영향을 주고 상호작용하면서 살아간다.

예를 들면, 우리는 우리가 만든 법에 따라 운전 중 빨간불에는 멈춰야 한다. 지구상에서 가장 위대한 인간이 비록 우리가 규정하고 만들었지만 하찮은 빨간불에 통제를 받는다는 사실이 불쾌할 수 있다. 물론 이를 무시하면 홉스$^{\text{Thomas Hobbes}}$가 『리바이던^{Leviathan}』에서 말한 것처럼 "만인의 만인에 대한 투쟁 상태"가 된다. 이렇기 때문에 등장한 것이 사회계약설이다. 이런 의미에서 인간의 역사는 통제하려는 인간과 통제받지 않으려는 인간과 투쟁의 역사라고 할 수 있다. 환각제가 좋은 예이다.

사회행위자인 인간과 사회구조라는 빨간불의 상호작용처럼 환각제의 역사는 인간과 인간이 만든 환각제라는 객체와의 상호작용을 설명하기 위해 반드시 필요하다. 제3장에서는 사이키델릭 환각식물과 대표적인 환각제인 LSD의 역사에 대해 간단히 설명한다. 이런 과거를 알아야 이 책의 제목인 『21세기 환각제 혁명』을 좀 더 잘 이해할 수 있다.

1. 사이키델릭 마약의 역사

인류의 직접 조상이라고 말할 수 있는 호모 사피엔스 사피엔스$^{\text{Homo Sapiens Sapiens}}$는 약 15만 년 전에 등장했다. 약 6만 년 전에 이들은 먹을 것을 찾아 아프리카에서 전 세계로 이동했다. 이후 3만 년 동안 거의 전 세계로 분산되었다. 빙하기가 끝나는 약 1만 년 전, 이들은 언어도 사용하고 석기도 제작하면서 약 5,000년 동안 구석기 시대를 형성한다. 이런 연유로 전문가들은 인류가 사이키델릭 마약의 원료가 되는 식물들을 사용하기 시작한 것은 적어도 1만 년 전인 구석기 시대까지 거슬러 올라갈 것이라고 말한다.

하나의 예로 사이키델릭 마약 중 가장 오랫동안 사용된 것으로 알려진 칸나비스는 1만 년 전부터 많은 문명에서 다양한 목적으로 이용했다. 사이키델릭 식물인 페요테는 적어도 5,700년 동안 멕시코 원주민들이 사용했다. 앞서 말한 것처럼 이 식물은 현재까지도 멕시코에서 사용되고 있으며 관광상품으로도 개발되었다. 멕시코 원주민들은 이 식물을 영적 의식 및 종교적 의미(샤머니즘)의 인씨어전 식물로 사용했다. 또한 치료 및 오락용으로도 이용했다.

같은 맥락에서 현재 아마존 유역의 페루 원주민들이 사용하는 아야와스카도 마찬가지이다. 20세기 1950~1960년대는 사이키델릭 식물 및 마약의 실험장이었다. 이 책을 저술한 이유도 이런 사이키델릭 식물과 그로부터 추출한 환각물질들이 반세기가 지난 오늘날 새롭게 부상할 것이라 예상하기 때문이다. 그것이 의료용이든 오락용이든, 흘러가는 도도한 강물은 일시적으로 막을 수는 있어도 근본적으로 막을 순 없다. 이 장은 칸나비스를 포함한 사이키델릭 식물과 대표적인 사이키델릭 마약인 LSD에 초점을 맞추어 설명한다.

역사의 주체인 인간과 객체인 사이키델릭 식물과의 상호관계는 세 가지 측면에서 파악할 수 있다.

첫째, 환각식물이 인간진화에 상당한 영향을 제공했다는 가설이다. 인류는 어떻게 탄생했는가? 과학적 차원에서 생물학자들이 주장하는 다양한 진화론들 중에서 현재 가장 유명한 것이 다윈의 진화론이다. 한마디로 약 400~600만 년 전부터 존재한 유인원類人猿인 원숭이와 침팬지가 인류의 조상이라는 것이다.

「내셔널지오그래픽」에 의하면 현재까지 발견된 인류의 직접적 조상은 1924년 남아프리카에서 발견된 오스트랄로피테쿠스 Australopithecus: 남방의 원숭이라고 알려졌다. 이 종은 유인원과 인간의 중간 형태로, 직립보행을 했다고 한다. 1974년 에티오피아에서 인류학자인 요한슨Donald Johanson은 같은 종의 여성 화석을 발견하고 루시로 명명했다. 그는 1967년 비틀스의 히트곡 「Lucy in the Sky with Diamonds」에서 영감을 얻었다고 했다.

여기서 흥미로운 점은 비틀스의 히트곡 제목의 첫 글자에 의도적으로 【LSD】를 썼다는 논쟁을 불러일으켰다는 것이다. 왜냐하면 1960년대 당시 유럽과 미국의 젊은 세대에서 가장 유행한 마약이 환각성 마약인 LSD와 마리화나였기 때문이다. 이런 이유로 현재까지 이 노래는 사이키델릭 장르의 핵심 작품으로 인정받고 있다.

1970년 캘리포니아 대학교에서 사이키델릭 식물에 대한 최초의 세미나가 개최됐다. 당시 세미나에서 발표한 학자들의 주장은 인류의 진화에는 생물학자들이 주장하는 진화론이 100%가 아니라는 것이었다. 그들 주장의 핵심은 다양한 환각식물들이 인류 진화에 상당히 기여했다는 것이다. 한마디로 【마약 원숭이Stoned-Ape】 가설이다. 이 가설은 맥케나Terence McKenna: 1946~2000라는 학자가 가장 강력히 주장했다. 이들의 세미나는 후에 『신의 음식』(『Food of Gods』 혹은 『Flesh of the Gods』)이라는 제목으로 단행본을 만들었다.

이들의 가설은 환각식물을 먹으면 실제로 신체의 오감(시각, 청각, 후각, 촉각, 미각)이 굉장히 발달한다는 것이다. 시력은 더 멀리 볼 수 있고, 청력은 더 잘 들릴 수 있으며, 후각은 더 잘 냄새를 맡을 수 있다. 연예인 중에서 특히 가수들이 대마초를 사용하는 이유의 하나가 바로 청각이 평소보다 더 예민하게 들리기 때문이라는 의견도 있다. 필자는 이들을 대변하고 싶다. 이들이 더 좋은 음악을 만들고 들려주면 얼마나 좋은가! 스트레스를 날릴 수 있기 때문이다.

암튼 환각식물을 섭취한 인류의 먼 조상들이 원숭이→침팬지→원시인으로 진화하면서 강력한 시력, 청력, 후각을 확보했다면, 생존율이 그만큼 높아졌다는 의미이다. 현대로 말하면 일종의 초정밀 무기를 가지고 있는 것이다. 위험한 동물이 있으면 피하고 만만한 동물은 스나이퍼처럼 몰래 접근해 잡을 수 있다. 생존율이 높다는 것은 멸종되지 않고 그만큼 진화에 도움이 된다는 의미이다.

1970년, 이 가설을 발표했을 때 정통 고고인류학자들은 이를 무시했다. 물론 지금도 【마약 원숭이】 가설을 주장하는 학자들은 여전히 마이너 그룹에 속한다. 인류에 대한 조상은 지금도 계속 연구 중이니 언젠가는 증명할 수 있는 주장이 등장할 수 있다. 이 가설을 뒷받침해 주는 근거는 구석기 시대부터 내려오는 인류의 발달 과정을 살펴보면 알 수 있다. 세계 곳곳에서 구석기 원시인들이 환각식물을 사용한 흔적과 기록들을 볼 수 있기 때문이다. 이런 전통은 오늘날에도 일부 지역에서 이어지고 있다.

둘째, 환각식물이 인간의 창조신화에 많이 등장한다. 『삼국유사』

에 등장한 대한민국 창조신화의 경우, 마늘을 놓고 호랑이와 곰의 대결에서 후자가 이겼다는 내용이다. 환각식물인 페요테 선인장을 주제로 멕시코의 【우이촐^{Huichol} 창조신화】도 있다. 콜롬비아의 아마존 지역에 거주하는 원주민인 【투카노^{Tukano} 창조신화】는 환각식물인 아야와스카를 주제로 전개된다. 서부 아프리카의 가봉에는 환각식물인 이보가를 주제로 전해지는 【브위티 창조신화】가 있다.

셋째, 인간은 환각식물을 다양한 용도로 사용했다. 고고학적 기록을 보면 영적 의식용 혹은 종교용으로 사용하는 인씨어전 환각식물의 사용은 수천 년 동안 다양한 그룹에서 이용되었다. 예를 들면 구석기 시대 때, 알제리와 스페인의 동굴벽화에서 환각버섯을 사용한 흔적이 발견되었다. 이런 식물 내에 있는 화학적 환각물질 등은 종교적으로 인간과 신의 중계자인 샤먼들에 의해 사용되었다. 이 글에서는 중남미에서 사용한 예를 기술한다.

1500~1800년의 약 300년 동안 스페인과 포르투갈 정복자들은 중남미 원주민을 식민지배했다. 이 기간 동안 원주민들의 약 70~80%가 사망했다. 처음에는 유럽에서 전파된 매독과 천연두로 사망하고, 다음에는 금광 및 은광에서의 노동착취로 인한 사망이었다. 살아남은 원주민 중에는 백인과 원주민 사이의 메스티소^{Mestizo}, 오바마 대통령처럼 백인과 흑인 사이의 물라토^{Mulato}, 노예무역으로 이주한 흑인과 원주민 사이의 삼보^{Zambo}라는 인종이 만들어졌는데, 이들 대부분은 현재 중남미에서 최하층에 살고 있다.

지금의 멕시코를 중심으로 중앙아메리카에는 올멕 문명[BC 1600~BC 400]에서부터 인씨어전 환각식물을 사용한 흔적이 발견됐다. 또한 마야[BC 2000~AD 1697] 및 아스테카 문명[1325~1521]에서도 환각식물들이 사용한 흔적이 발견된다. 전자의 경우 환각버섯인 실로사이빈 버섯이 돌 조각상으로 묘사되었다. 후자의 경우는 *Xochipilli*[Prince of Flowers], *Teonanácatl*[신들의 버섯], *Ololiuqui*[나팔꽃] 등이 모두 환각식물과 관계가 있다. 페루의 차빈[Chavin] 및 나스카[Nazca] 문명들도 마찬가지이다. 이들이 사용한 대부분 환각식물들은 영적 의식 및 종교용으로 사용되었다.

2. 칸나비스

제2장에서 칸나비스에 대해 짧게 언급했다. 이 장에서는 역사에 초점을 맞추어 기술한다. 먼저 주요 용어에 대해 좀 더 알아보자. 칸나비스는 나라마다 다양한 이름이 있다. 또한 지하 세계에서 사용하는 속어 혹은 은어는 1,000개가 넘는다. 이를 피웠을 경우의 정신 상태를 묘사하는 다양한 이름도 있다. 식물학적 이름인 '칸나비스'라는 용어는 그리스어[*Kánnabis*]에서 BC 400년경에 유래되었다.

칸나비스라는 이름을 석기시대부터 사용했다는 역사적 흔적은 있으나 최초로 기록된 이름은 중국의 마[麻]이다. 미국과 영국은 주로 마리화나 혹은 칸나비스라는 용어를 사용하고 그 외 햄프[Hemp], 버드[Bud], 위드[Weed] 등도 사용한다. 산업용으로는 주로 햄프라는 용어를 사용한다. 아라비아어는 해시시[Hashish], 인도는 산스크리트에서 유래한 방^{Bhang}을 주로 사용하고 그 외 차라스^{Charas} 혹은 강하^{Ganja} 등도 사용한다. 한국은 삼ᄬ, 대마, 대마초라는 용어를 사용한다.

식물학자들이 칸나비스 종을 검토한 결과 세 종류$^{Sativa,\ Iindica,\ Rudalles}$를 인정했으나 이 중에서 가장 많이 사용하는 것은 사티바종과 인디카종이다. 사티바종은 한국과 같은 온대 저지대에서 자라고 인디카종은 냉대 고산지대에서 자란다. 칸나비스의 주성분인 THC의 경우 사티바종보다는 인디카종이 훨씬 많다. 칸나비스 식물은 암수가 있다. 주성분인 THC가 가장 많은 부분은 인디카종의 암컷 중에서 꽃가루를 모은 수지^{Resin}이다. 이를 해시시라고 부른다. 다음은 잎, 줄기, 뿌리 순이다. 국내에서 불법 유입되는 것은 주로 인디카종을 건조시킨 것이다.

칸나비스의 경우 피울 경우 주로 잎사귀를 사용하는데, 줄기와 뿌리는 THC의 농도가 매우 낮아 잘 사용하지 않는다. 해시시의 경우, 인티카종의 암꽃의 꽃가루를 털어 압축해서 만든다. 이 해시시에 케미컬을 넣어 기름 짜듯이 만든 것이 해시시 오일이다. 칸나비스에는 500~600개의 케미컬이 존재한다. 이 중에서 주성분은 향정신성 성분이 있는 THC이지만 최근 줄기에서 추출한, 제2의 주성분으로 등장한 향정신성 성분이 없는 CBD가 WHO가 지정한 20개 질환의 치료 약으로 선정되었다.

사티바종의 대마초에는 THC가 보통 5~10% 정도 들어 있다. 1976년, 네덜란드에서 칸나비스의 오락용이 합법화될 때의 THC

기준 농도가 18% 정도이니 아마도 인디카종일 가능성이 높다. 그러나 여러 가지 방법을 동원하면 사티바종이든 인디카종이든 THC를 높이는 방법은 있다. 해시시는 보통 THC 농도가 15~30%, 해시시 오일은 60% 정도이다. 이 때문에 위에서 말했듯, 담배에 해시시 오일 한 방울 떨어트려 사용하면 대마초를 피우는 효과가 있는 것이다. 대마초는 담배와는 달리 독특한 향기가 나기 때문에 경험자들은 냄새로 구분할 수 있다.

현재 가장 오래된 흔적으로 알려진 것은 남아시아에서 발견된 것으로 약 3만 년 전까지 거슬러 올라간다. 최초로 기록된 이름은 위에서 언급한 청동기 시대인 약 3,000년 전 중국의 마麻이다. 또한 인류의 4대 문명 발생 지역에서 모두 마리화나를 사용한 흔적이 발견되었다. 한마디로 수천 년 동안 인류는 칸나비스를 다양한 용도로 사용한 것이다. 역사적으로 칸나비스의 용도는 다음과 같다.

첫째, 영적靈的 의식용 및 종교적 사용이다. 예를 들면, 불을 신성시하는 조로아스터교의 성전$^{Ahura\ Mazda}$, 고대 힌두교 파괴의 신^{Shiva}과 가장 오래된 경전인 리그베다$^{Rig\ Veda}$ 등에서 명정酩酊의 수단으로 신성시했다. 구약성경의 출애굽기에 나오는 신성한 향유$^{Holy\ Anointing\ Oil}$의 주성분이 칸나비스이다. 또한 인류의 4대 문명 발생 지역에서 마리화나를 영적인 의식용으로 사용한 흔적이 발견되었다.

둘째, 향정신성 효과로 인한 의료적 사용이다. BC 1500년경 고대 이집트의 의학적 기록인 파피루스$^{Ebers\ Papyrus}$와 AD 220년 중국

문헌을 보면 포도주에 칸나비스를 넣어 마취제로 사용한 기록이 있다. 의료적 흡연은 그리스 역사가인 헤로도토스^{Herodotus}가 BC 2500년 중앙아시아 유목민족인 스키타이인들이 전투에서 돌아오면 뜨거운 돌에 이 식물을 올려놓고 찜질방을 즐겼다고 기록했다. 일종의 【대마 찜질방】이다.

셋째, 고대의 기록들은 칸나비스의 향정신성 효과를 활용하여 오락용과 식용으로 사용한 기록을 보여 준다. THC 사용에 대한 가장 오랜 기록은 BC 2700년 신장 자치구의 한 샤먼의 무덤에서 발견됐다. BC 1000년경 인도에서 방^{Bhang}을 식량과 음료로 사용한 기록이 있다. AD 3세기에 저술된 중국 『신농본초경^{神農本草經}』에 칸나비스의 향정신성을 묘사하고 있다. AD 10세기경 인도에서는 칸나비스를 【신들의 음식】으로 언급했다.

넷째, 고고학적에서는 THC가 1% 미만인 산업용 햄프를 다양하게 사용한 기록을 볼 수 있다. BC 5000년경 신석기 시대의 중국 양사오^{仰韶} 문화에서는 도자기를 만들 때, 햄프를 섬유로 사용한 흔적을 발견할 수 있다. 이후 고대 중국인들은 햄프를 의류, 신발, 로프, 종이의 초기 형태 등으로 사용했다. 한국도 신석기 시대 유물인 빗살무늬토기가 출토되는 BC 3000년경부터 칸나비스가 직물에서 중요한 역할을 했음을 보여 준다.

지금까지 간략하게 고대 인류가 칸나비스를 다양한 목적으로 사용했음을 설명했다. 시간이 흘러 중세시대인 1000년경부터 이후

1,000년 동안 칸나비스는 본격적으로 전 세계로 확산되었다. 그러나 20세기 100년은 칸나비스에 대한 박해의 시기였다. 위에서는 칸나비스의 1,000년 역사를 아주 간략히 설명했는데 아래에서 좀 더 자세히 살펴보자.

1000년경, 본격적으로 해시시가 아랍세계로 확산되기 시작했다. 13세기경 칸나비스가 인도대륙에서 유행했기 때문에 인디언 햄프로 언급되기도 했다. 이 때문에 1500년까지 아랍세계에서 칸나비스(해시시)는 먹을 수 있는 식량으로 인식하였다. 한편 16세기 이후 신대륙의 담배가 유럽에 소개되면서 점차적으로 담배 흡연이 시작되었다. 그러나 아랍세계에서는 담배가 아닌 칸나비스를 흡연하는 인구가 증가했다.

1550년경, 본격적으로 신대륙에 상륙한 스페인 정복자들은 산업용 햄프를 서반구에 들여와 경작하기 시작했다. 1600년 초부터 북미에 정착한 유럽 이주민들도 산업용 햄프를 경작하기 시작했다. 한편 나폴레옹의 이집트 원정으로 1800년경 아랍세계의 해시시가 유럽에 소개되었다. 1850년경에는 인도의 칸나비스도 유럽에 소개되어 칸나비스(해시시) 흡연이 확산되었다. 1800년 초에는 포르투갈 정복자들과 아프리카 노예 무역상들이 브라질에 칸나비스를 소개하면서 칸나비스는 전 세계에 다양한 용도로 확산되었다.

19세기 동안 유럽은 물론 아메리카 대륙에서도 칸나비스의 의료용·오락용 사용은 절정에 이르렀다. 그러나 20세기가 시작되면서 칸나비스의 향정신성 효과 때문에 많은 국가에서 점차적으로 규제를 시작하였다. 이런 규제의 선두는 미국이었는데, 핵심 원인은 국내 정치사회적 이유였다. 긴 설명이 필요하기 때문에 필자의 저서 『마약의 역사』를 참고하기 바란다.

19세기 말, 통일된 미국은 유럽에 뒤진 후발 제국주의로서 점차적으로 증대하는 자본주의 생산 능력에 내수시장으로는 만족하지 못하고 있었다. 이 때문에 당시 유럽 제국주의 국가들처럼 해외시장을 개척해야 했다. 당시 미국의 가장 좋은 먹잇감은 거대한 중국淸 시장이었다. 헌데 중국은 이미 유럽 열강은 물론 러시아와 일본도 한자리씩 차지하고 있어 비집고 들어갈 틈이 없었다. 고민하던 미국은 당시 중국에서 가장 심각한 사회문제였던 아편 남용의 문제를 가지고 접근했다.

결국 1909년, 미국은 상해아편위원회를 제안하고 중국에 빨대를 꽂았다. 그리고 1912년 서구 열강들과 마약 관련 최초의 국제협약인 헤이그 국제아편협정을 주도하여 중국시장으로 들어가 서서히 빨아먹기 시작했다. 한마디로 미국은 처음부터 중국의 아편 문제에는 관심도 없었고 어떻게든 중국시장으로의 진출이 목적이었던 것이다. 그리고 미국은 1914년, 자체적으로 미국 최초의 연방마약법인 해리슨 과세법을 제정했다.

20세기 미국이 주도한 칸나비스의 불법화 및 범죄화에 대한 최초 반란은 1976년 네덜란드의 마약법이다. 네덜란드는 국제협정에 따라 오락용으로 30g 이하 사용을 합법화하였는데, 국가가 지정한 소위【Coffee Shop】을 운영하면서 이곳에서 사용하도록 하였다. 또한 지정된 커피숍이 아닌 경우라도 5g 정도는 개인적으로 소지하거나 사용해도 非범죄화했다. 이런 탓에 방학이면 주변국들의 수많은 대학생들이 네덜란드로 향했다. 이 때문에 미국은 물론 주변국들인 독일과 프랑스가 외교적 압력을 가하기도 했다.

20세기 말, 칸나비스의 의료용은 물론 오락용에 대한 합법화는 칸나비스의 의학적 효과가 증명되면서 더욱 가속화되었다. 여기에는 칸나비스 흡연이 암 환자(특히 폐암 환자)와 AIDS 환자에게 만성적 통증완화는 물론 식욕을 돋우는 데에도 도움이 된다는 연구결과들이 결정타였다. 1990년대 초반 미국의사협회 소속의 의사들을 대상으로 조사한 결과, 만일 연방정부가 칸나비스의 의료용을 합법화한다면 87%가 자신들의 암 환자에게 칸나비스 흡연을 권고하겠다고 답했다.

1960년대 이래 마약 관련 최대 논쟁은 마리화나의 합법화 여부였다. 그렇다면 21세기 마약 관련 최대 논쟁은 무엇이 될 것인가? 아마도 환각제, 특히 LSD가 될 듯하다. 양자의 차이성과 동질성은 무엇일까? 비록 마리화나를 환각제로 분류하지만 LSD를 비롯한 환각식물에 비해 환각성이 훨씬 약해 환각성 식물이라고 말하기도 좀 그렇다. 그러나 양자는 1960년대 기성세대에 반발하는 젊은이들 반항문화의 상징이라는 측면에서 동질성을 부여받고 있다.

중독성 및 해악성에 대해 마리화나가 담배와 비교될 경우, 마리화나 범죄화를 주장하는 사람들은 항상 어려움을 느낀다. 왜냐하면 담배가 마리화나보다 훨씬 해롭기 때문이다. 특히 마리화나는 피울 때에도 여전히 순수한 자연 상태이지만 담배의 경우, 담뱃잎의 쓴맛을 제거하기 위해 인위적인 화학첨가물이 첨가한다. 그뿐만 아니라 담배는 태울 때 70여 종의 발암물질이 나타나기 때문에 인체에 몹시 해롭다.

역사적 관점에서 재미있는 상상을 해 보자면, 만일 콜럼버스가 담배 대신 마리화나를 유럽에 먼저 소개했다면 현재 많은 사람들은 담배 대신 마리화나를 피웠을 것이다. 또한 담배는 현재의 마리화나처럼 금지가 되었을지도 모른다. 물론 담배도 순수한 자연 상태에서 사용하면 아메리카 원주민들이 의료용으로 사용했을 정도로 유용한 약용식물이다. 그러나 유럽으로 수출되고 산업화가 되는 과정에서 들어간 다양한 화학첨가물로 인해 인체에 훨씬 해악한 결과를 낳게 된 것이다.

이제 21세기 칸나비스는 합법화라는 새로운 전환점을 맞이하고 있다. 2013년, 21세기 이래 우루과이가 세계 최초로 칸나비스의 오락용 사용을 합법화했다. 2021년 WHO는 칸나비스와 해시시를 1961년 【마약에 관한 단일협약】에서 지정한 4등급 마약에서 제외시켰다. 이러한 경향은 칸나비스가 다시 1,000년 이전의 과거로 돌아가고 있다고 볼 수 있다. 또한 지금까지도 여전히 세계의 많은 원주민들은 칸나비스를 영적 의식용 혹은 종교용으로 사용하고 있다.

나아가 더 많은 국가들이 점차적으로 의료용은 물론 오락용으로도 합법화하고 있는 추세이다.

사이키델릭 마약이 바탕이 되었던 칸나비스 문화는 1960년대 미국에서의 정치적 반항문화운동으로 확산되었다. 이의 일환으로 사이키델리아^{Psychedelia}라는 신조어가 등장했는데, 이는 사이키델릭 마약의 경험과 함께 사이키델릭 아트, 음악, 패션 등 새롭게 창조된 서브 문화를 지칭한 것이다. 이의 총합이 1969년과 1999년 미국에서 개최된 히피 혁명의 절정이라는 우드스톡 페스티벌$^{Woodstock\ Music\ and\ Art\ Fair}$이다. 필자는 가까운 미래에는 마치 1960년대 미국처럼 칸나비스 문화를 비롯한 환각제가 새로운 모습으로 부활할 것으로 예견하고 있다.

현재 세계에서 가장 많이 소비되고 있는 향정신성 물질은 어느 나라에서나 합법인 커피, 담배, 알콜이지만 바로 그 다음으로는 불법인 마리화나이다. 아마도 한국도 10년 이내에는 마리화나의 오락용 합법화 논쟁이 본격화될 가능성이 높다. 1976년 세계 최초로 개인 사용을 합법화한 네델란드는 주변 유럽 국가들의 외교적 압력으로 인해 2018년부터 외국인에게는 허용하지 않는 것으로 알고 있다. 물론 암스테르담 시장은 독자적으로 여전히 허용하고 있다.

3. LSD

환각제로서의 LSD는 1938년 스위스 산도스^{Sandoz} 제약회사 연구소에서 근무하는 화학자 호프만$^{Albert\ Hofmann:\ 1906~2008}$ 박사가 약학적 목적을 위해 벼과식물에 기생하는 맥각균^{Ergot}에서 추출한 화학물$^{Lysergic\ Acid}$을 통해 최초로 합성하여 만들어지게 되었다. 그러나 당시 그는 그것의 약리적 효과를 몰랐다. 5년 뒤인 1943년, 호프만은 최초의 LSD를 재합성하는 과정에서 우연히 LSD 0.25mg을 섭취하게 되었고, 그 과정에서 강력한 효과를 발견했다. 호프만은 1980년 그의 저서 『LSD: My Problem Child』에서 LSD의 첫 경험을 아래와 같이 기술했다.

> 꿈결 같은 상태에서, 눈을 감고, 난 환상적 그림들의 연속적인 흐름을 인식했다. 강렬하고 놀라운 형상들, 색깔들의 변화무쌍한 유희, 약 2시간 후 이 상태는 사라졌다.

1947년 산도스 제약회사는 LSD를 정신병과 알콜중독치료를 위한 만병통치약으로 상품화했다. 1950년대 초, 미국의 정신병 의사 오스몬드$^{Humphry\ Osmond}$는 LSD를 환각효과와 연관시켜 기존의 단순한 환각이나 정신이상 증상을 의미하는 용어^{Psychotomimetic}를 폐기하고 사이키델릭$^{Psychedelic:\ 마음을\ 여는\ 황홀한\ 환각을\ 의미}$이라는 신조어를 만들었다. LSD가 정신 분열 증상이 약한 대신 심리적 효과가 지속되면서 초월적 경험으로 유도한다고 믿었기 때문이다. 그는 이런 증상이 알콜중독자에 대한 심리치료가 가능하다고 믿었다.

1956년 J. P. Morgan&Co.의 부회장인 모건^{Morgan R. Gordon}은 멕시코로 여행을 떠났다. 그곳에서 그는 멕시코 오하카^{Oaxaca}의 마자텍^{Mazatec} 원주민들이 실로사이빈 버섯을 종교적 의식에 사용하는 것을 직접 관찰하게 되었다. 또한 그도 직접 그 버섯을 경험하고 이듬해 『라이프^{LIFE}』 잡지에 기고한 글 「Seeking the Magic Mushroom」을 통해 처음으로 대중들에게 그 버섯을 소개했다. 1958년, 호프만은 이 버섯에서 실로사이빈을 추출하여 LSD를 생산하게 된 것이다.

미국의 1950년대는 주요 인물들의 LSD에 대한 경험, 美의학계의 리서치, CIA의 비밀 프로젝트 등에서 볼 수 있듯 사이키델릭 마약의 실험장이었다. 이와 같은 LSD에 대한 의학적 리서치들의 영향으로 1954~1959년 동안 『타임^{TIME}』 잡지에는 사이키델릭 마약에 대한 긍정적인 보고가 여섯 번이나 수록되기도 하였다. 통계를 요약하면, 1950년에 시작하여 1970년대 중반까지, 약 15년 동안 사이키델릭 마약과 관련해서 약 1,000개의 과학 논문, 수십 권의 단행본이 발행되었고, 여섯 번의 국제학술회의가 열렸으며, 약 4만 명에게 치료 목적으로 LSD가 처방되었다.

1950년대, 사이키델릭 마약에 대한 주요 인물들의 경험과 각종 묘사, 리서치 결과 등은 일반 대중들에게 마약의 오락용 사용을 유도하게 되었고, 그 결과 1960년대, 마약의 대중적 확산에 공헌했다. 이런 맥락에서 1950년대가 LSD에 대한 전문가들의 리서치가 주류였다고 한다면 1960년대는 LSD가 대중들이 오락용으로 사용했던, 마약의 대중화 시기라고 말할 수 있다. 제4장에서 1950~1960년대 LSD와 관련하여 가장 중요한 두 인물인 헉슬리와 리어리를 설명한다.

　1960년대, LSD의 유행은 젊은이들의 반항문화운동과 결합되어 LSD 사용의 폭발적인 증가로 이어졌다. 이런 상황은 LSD 사용에 대한 미국정부의 항의로 이어졌고, 결국 1965년 산도스 제약회사는 LSD의 생산을 중지했다. 1966년 캘리포니아 주에서 LSD의 사용을 불법화했다. 또한 미국정부는 LSD에 대한 리서치와 그 결과가 LSD의 유행을 고무시킨다는 이유로 연구자금도 대폭 삭감했다. 결국 LSD의 오락용 사용은 중지되었고, 그 대체제로 MDMA가 1980년대 레이브 문화로 서서히 등장했다.

　LSD는 인체 내 세라토닌^{Serotonin} 호르몬 분비를 촉진시켜 육체적, 심리적, 감각적 부분에서 강력한 사이키델릭 효과를 경험하게 하는 특성을 지니고 있다. 이런 특성 때문에 LSD는 오락용, 의료용, 정신적 의식용으로 이용되었다. 오락용 효과로는 소리가 색으로 보이고 색이 소리는 들리는 현상$^{Seeing\ Sounds\ and\ Hearing\ Colors}$이라고 표현되는 현상이 나타난다. 이 현상이 결국 신비로운 경험을 통한 정신적 의식용으로 이용되기도 한 것이다.

　LSD는 다른 향정신성 약물과는 달리 마이크로그램이라는 상대적으로 매우 적은 양$^{평균\ 20~80\mu g}$으로도 약리효과가 나타난다. 섭취 방법은 알약, 젤리, 그리고 우표 모양 종이$^{Blotter\ Paper}$를 혓바닥에 붙이는 등 세 가지 형태가 있다. LSD의 약리적 효과와 지속시간은 용량에 따라 다르지만 보통 30분 내에 발생하고 평균 6~12시간(최대 20시간)까지 지속 가능하다. 과학자들은 LSD는 다른 약물과는 달리 신체적 중독성, 육체적 의존성, 금단증상이 거의 없기 때문에 남용의 가능성은 적다고 한다.

하지만 사람에 따라 심리적 의존성은 나타날 수 있다. 그러나 이 또한 3~4일 동안 사용하지 않으면 의존성과 내성은 급격히 사라진다. LSD 섭취를 중단했음에도 불구하고 일부 사용자 중에서는 수개월 후에도 간헐적으로 혹은 만성적으로 시각적 환각현상이 재현되는 【플래시백Flashbacks】 현상이 나타날 수도 있다고 한다. 이런 정신적 혼란과 플래시백 현상이 LSD의 부작용이다.

시간이 흘러 2020년, 미국 오리건 주에서 최초로 LSD의 非범죄화를 단행했다. 이어 2021년 캘리포니아 주는 환각버섯, LSD, MDMA, 케타민 등 환각제의 판매는 처벌하지만 21세 이상 성인의 재배, 사용 및 소지에 대한 합법화는 상원을 통과했다. 이러한 움직임에 대해 법안이 인용한 한 연구결과에서는 이런 환각제가 우울증, 외상 후 스트레스 장애, 다양한 정신건강 상태를 치료하는 데 효과적으로 사용될 수 있다고 설명했다.

제4장

1960년대 사이키델릭 혁명

Love the life you live, live the life you love
- Bob Marley

"과거 없이 현재는 없으며, 현재 없이 미래는 없다." 같은 맥락에서 미국의 1960년대 상황을 이해하지 않으면 이 글의 핵심인 21세기 환각제에 대해 이해할 수 없다.

1. 반항문화운동 Counter-Culture Movement 의 시대적 배경

1950년대에는 미소美蘇 냉전이 시작되었다. 1950년대에 정치적으로 가장 중요한 이슈인 냉전은 향후 40년 동안 미국을 비롯한 서방세계는 물론, 전 세계를 이데올로기로 가르는 악의 시발점이었다. 이런 악마의 미소는 한국전쟁[1950~1953]과 베트남전쟁[1955~1975]을 유발시켰다. 정치인들이 유도한 공산주의에 대한 미국사회의 【적색공포 Red Scare】는 1950년대에 극단적으로 인위적인 매카시즘을 불러일으키면서 미국사회를 보수화시켰다.

이때 흥미로운 사실은 공산진영의 젊은이들은 공산주의에 대한 반발로 자유화 운동을 일으켰으나, 자유진영의 젊은이들은 비판이론가이자 자유사회주의 사상가인 마르쿠제 Herbert Marcuse 의 영향을 받아 오히려 신좌파$^{New\ Left}$ 운동을 일으켰다는 점이다. 이로 인해 1960년대는 정치적 혼란 상태에 빠지게 되었다. 소련 및 중공은 제3세계에 자신들의 세력을 확장시키면서 미국 및 유럽에서 좌파 도시게릴라를 잉태시켰다. 이에 대항해 미국은 수단과 방법을 가리지 않고 부패국가든 독재국가든 상관하지 않고 친미국가에게는 적극적으로 정치군사적 지원을 아끼지 않았다.

쿠바의 바티스타, 니카라과의 소모사, 베트남의 지엠, 한국의 박정희, 필리핀의 마르코스, 이란의 팔레비 등이 부패 혹은 독재를 했음에도 불구하고 친미정권이라는 이유로 미국의 무조건적인 정치군사적 지원을 받았다. 이에 대한 부작용은 해당 국가들에서 젊은 이들 사이에 반미운동을 불러일으켰다는 것이다. 결국 쿠바, 니카라과, 베트남은 사회주의 혁명으로 좌파정권이 들어섰고, 필리핀과 이란은 독재자의 망명과 함께 반미국가로 돌아섰다. 유독 한국만 우익 군사쿠데타로 제자리걸음을 했다. 미국으로서는 상처뿐인 영광이었다.

미소의 이데올로기를 이용한 편 가르기는 70년의 세월이 지난 현재까지도 남북은 물론 남한 내에서조차 분열과 갈등의 바탕이 되었다. 그리고 그런 분열과 갈등은 특히 우익 보수정권이 등장할 때 더욱 조장되었다. 이와 같은 슬픈 현실에 설상가상으로 영·호남이라는 지역분쟁과 학연까지 복잡하게 얽혀 한국이 강대국으로 가는 걸림돌이 되고 있다. '국내가 분열된 상태에서는 절대로 강대국이 될 수 없다는 사실'은 역사가 증명한다.

1950년대 미국의 반공정책은 1990년 소련공산주의가 붕괴될 때까지 약 40년 동안 국제 마약조직의 부상에 공헌했다. 왜냐하면 반공을 위해 미국의 CIA는 마약조직과도 손을 잡았기 때문이다. 이것은 CIA와 FBI와의 지속적인 갈등을 유발했고 급기야 9·11 테러를 방지하지 못하는 전초가 되기도 했다. FBI가 열심히 마약조직을 단속하는 와중에 CIA는 좌파 게릴라조직을 잡는다는 미명하에 마약조직을 뒤에서 도와주고 있는 우스운 상황인 것이다.

  1950년대의 시대적 상황은 미국을 반공국가로 만들었고 보수화시켰다. 보수의 신조는 '법에 의한 질서와 바른 생활'이다. 문제는 이 신조가 젊은이들에게 먹히지 않는다는 것이다. 왜냐하면 앞에서는 질서와 정의를 외치지만 뒤에서는 호박씨 까는 기성 정치인들의 행태를 꾸준히 보았기 때문이다. 예를 들면 1960년 U-2기 사건 때, 반공의 화신이라는 아이젠하워 행정부는 거짓을 말했고, 이에 젊은 층 사이에서 정부에 대한 신뢰도 하락과 기성세대의 권위에 대한 불신이 맹렬한 불길로 타오르게 되었다. 이 불길은 결국 1960년대에 폭발했다.

  반항문화운동의 사회문화적 배경에는 헌법이 보장하는 시민권과 언론 및 집회의 자유를 쟁취하기 위한 비폭력운동, 흑인과 소수자(여성, 게이, 장애인)에 대한 불평등, 섹스혁명, 검열타파 등의 등장이 있었다. 이들은 이러한 반항문화운동을 통해 정보매체 도구였던 TV, 영화, FM방송 등으로 새로운 음악장르 Rock and Roll를 발전시키는 계기를 만들었다. 구세대인 전쟁세대와 신세대인 대중소비세대와의 세대차는 전례가 없을 정도로 중산층의 힘을 증가시켰다. 20~30대의 중산층의 헤어와 패션스타일의 변화, 특히 블루진의 등장은 대마초를 비롯한 마약문화를 태동시켰다.

2. 환각제와 CIA의 Project MK-Ultra[1953~1973]

Project MK-Ultra는 한마디로 20년 동안 CIA의 주도로 이루어진 환각제(특히 LSD)를 이용한 불법적 비밀 프로젝트이다. 일부 역사학자들과 저널리스트들은 이 프로젝트의 기원을 제2차 세계대전 동안 나치독일의 아우슈비츠 수용소와 일본 관동군의 731부대 등에서 발생한 끔찍한 인체실험을 모방한 것으로 파악하고 있다. 특히 731부대의 인체실험에 대한 자료를 미국이 모두 회수하는 대가로 미국은 일본 전범재판인 극동국제군사재판 때 일본의 생체실험 문제를 언급하였으나 관련자들을 처벌하지는 않았다. 미국은 왜 이런 불법 프로젝트를 실험했을까?

시대적 배경의 핵심은 미소 냉전에 따른 매카시즘이었다. 자유주의와 공산주의라는 극단적인 이데올로기는 양립하지 못한다. 결국 이데올로기 대결에서 승리하기 위해 CIA는 불법행위를 자행한 것이다. 다시 말해, 【반공】이라는 목적을 위해서 【불법행위】라는 수단을 정당화한 것이다. 더구나 1950년대 초 CIA는 한국전쟁 동안 미군 포로들이 특정 약물을 사용한 후 세뇌되었다는 보고를 받고 LSD에 관심을 보였다. 왜냐하면 1940~1950년대에 이미 사이키델릭 마약에 대한 많은 리서치가 이루어지고 있었기 때문이다.

이 프로젝트는 1953년 CIA 국장 덜레스$^{\text{Allen Dulles, 재임 1953~1961}}$의 명령에 의해 프로젝트 책임자인 고틀립$^{\text{Sidney Gottlieb, 재임 1953~1973}}$과 함께 시작됐다. 프로젝트의 목표는 미국에 적대적인 사람들에 대한 암살과 정신적 고문 및 세뇌를 통한 강제 자백과 같은 마인드컨트롤이었다. 이를 위해 선택된 핵심 마약이 LSD였다. 동시에 CIA는 비밀리에 마인드컨트롤 무기로서 LSD에 대한 행동통제 리서치 프로그램을 작동했다. 이들은 리서치라는 위장 아래 군부, 대학, 병원, 교도소, 제약회사 등 80개가 넘는 기관들에서 이루어졌다.

이를 위해 CIA는 스위스 산도스 제약회사로부터 10kg의 LSD를 1,000만 달러(현재가 약 1억 달러)에 구매했는데, 이는 1억 명을 실험할 수 있는 양이었다. 인체실험 첫 투여 대상은 정신병 환자, 죄수, 마약중독자, 매춘부 등이었다. 후에 투여 대상은 CIA 고용인, 군인, 의사, 공무원, 일반 대중 등 수천 명으로 확산됐다. 이들 중에는 자발적으로 실험 대상이 된 사람들도 있지만 非자발적으로 실험 대상이 된 사람들도 있었다. 또한 LSD 외에도 다양한 환각제 마약이나 환각물질[Psilocybin, Mescaline, DMT]은 물론 코케인, 헤로인, 모르핀 등도 실험했다.

문제는 1960년대 동안 이런 환각제를 통한 대규모 인체실험들이 투여 대상자들의 동의 없이 혹은 환각제 부작용에 대한 정보 제공 없이 이루어졌다는 사실이다. 이는 자국민인 미국인에 대한 실험은 당연히 불법이며, 외국인(주로 캐나다인, 덴마크 고아들, 전쟁포로)에 대한 인체실험도 뉴른베르크 협약에 대한 위반이다. 이 시기의 가장 미스터리한 대표적인 사례가 美육군 생물학전을 연구하고 있던 세균학자 올슨[Frank Olson: 1910~1953]의 사망이다.

미정부는 그가 생물학전 프로젝트 책임자인 가틀립이 몰래 준 LSD 복용 9일 뒤, 호텔 13층 창문에서 투신하여 자살했다고 발표했다. 하지만 결국 20년 전에 미국이 생물학전을 준비하고 있었다는 사실이 밝혀져 1973년, 당시 CIA 국장 헬름스[Richard Helms, 재임 1966~1973]는 프로젝트와 관련된 모든 자료를 파기하라고 명령했다. 이로 인해 올슨의 사망 사건은 여전히 해결하지 못하고 있다. 결국 헬름스는 해임되었고, 포드 대통령[Gerald R. Ford, 재임 1974~1977]과 그를 대신해 CIA 국장이 된 콜비[William Colby, 재임 1973~1976]는 공개적으로 사과한 뒤, 올슨 가족에게 75만 달러(현재가 약 80억)의 보상금을 제공했다.

문제는 또 약 20년이 흐른 1994년, 올슨의 사망이 자살이 아니라 타살 가능성이 유력하다는 법의학[Forensic]적 증거가 등장했다는 것이다. 만약 타살이 맞다면 그가 평소에 생물학전 프로젝트에 대한 도덕적 문제점을 제기한 것이 원인이 되지 않았을까, 하는 추측이 뒤따라온다. 이를 통해 알 수 있는 것은 "세상에 비밀은 없다."라는 사실이다. 무슨 일을 하든 항상 역사의식을 가져야 한다. 이런 맥락에서 필자도 역사의식을 가지고 이 책을 쓰고 있다.

미국 대중들이 CIA의 MK-Ultra라는 불법 비밀 프로젝트를 알게 된 것은 1975년 상원의원 처치$^{Frank\ Church}$를 위원장으로 하여 열린 청문회$^{The\ Church\ Committee}$를 통해서였다. 이 위원회의 핵심은 정보 남용에 대한 조사였기에 CIA를 필두로 국방부 산하의 NSA, 그리고 FBI, IRS 등이 조사 대상이었다. 이 위원회에서 폭로된 비밀 중 가장 충격적인 것이 바로 앞서 서술한 마인드컨트롤에 대한 인체실험의 일환으로 사전 동의 없이 알게 모르게 미국시민에게 일종의 마약고문을 했다는 사실이다.

1977년 정보공개법$^{Freedom\ of\ Information\ Act}$에 따라 CIA가 파기하지 못한 2만 건의 서류가 다시 폭로되었다. 이어 나머지 비밀은 2001년에 해제되었다. 필자는 이 비밀 프로젝트의 모티브를 통해 맷 데이먼$^{Matt\ Damon}$이 주연한 할리우드 영화의 본 시리즈(2002년 「본 아이덴티티$^{Bourne\ Identity}$」, 2004년 「본 슈프리머시$^{Bourne\ Supremacy}$」, 2007년 「본 얼티메이텀$^{Bourne\ Ultimatum}$」, 2012년 「본 레거시$^{Bourne\ Legacy}$」)가 만들어졌다고 생각한다.

3. LSD에 대한 Huxley^{Elitism} vs. Leary^{Populism}의 논쟁

1950년대, LSD 사용이 만연되지 않았을 때 이루어진 대중들의 LSD 사용에 대한 헉슬리$^{Aldous\ Huxley:\ 1894\sim1963}$와 리어리$^{Timothy\ Leary:\ 1920\sim1996}$의 논쟁은 향후 새로운 약물에 대한 매우 흥미로운 시사점을 제공했다. 양자는 LSD 사용 옹호라는 측면에서는 동의했다. 하지만 헉슬리는 대중들이 사용하기 전, 우선 일부 엘리트들의 LSD

사용을 통해 장단점을 파악한 후에 대중소비를 추진하자는 주장이었다. 그러나 리어리는 새로운 세계를 보여 줄 수 있는 LSD의 혁신적 속성을 즉시 대중들도 함께 사용해야 한다며 파격적인 주장을 했다.

먼저 두 사람이 LSD를 사용한 그 역사를 간략히 살펴보자. 영국 출신 헉슬리는 1937년 미국으로 이주한 후 1963년 사망할 때까지 미국에서 생활하면서 아홉 번이나 노벨 문학상 후보에 지명된 저명한 소설가이며 철학자이다. 1950년대 초 헉슬리는 뉴멕시코 주의 인디언 교회The Native American Church에서 페요테를 사용한다는 소식을 듣게 되었다. 이후 1953년, 헉슬리는 그의 친구인 오스몬드의 도움으로 멕시코산 페요테에서 추출한 메스칼린을 구입하여 처음으로 사이키델릭을 경험한다.

이를 통해 그는 【순수한 심미】부터 【신성한 비전】까지 다양한 통찰력을 경험했다. 더불어 메스칼린이 사이키델릭 효과가 있음에도 중독적이지 않고 육체적 불편과 정신적 부작용이 없다는 것을 파악했다. 그 후 1954년, 자신의 신비로운 경험을 바탕으로 환각제의 의미와 중요성을 해석한 『인식의 문The Doors of Perception』을 출간한다. 1965년에 등장한 모리슨Jim Morrison의 록 밴드The Doors의 이름이 이 단행본의 타이틀로부터 유래했다고 한다. 이 밴드는 1960년대 미국에서 가장 영향력이 있는 사람들 중 하나로, 대마초와 LSD 사용으로 상징되는 기존세대에 대한 반항문화의 표상이었다.

헉슬리 책의 핵심은 환각제가 자신과 세계를 보다 더 잘 이해하는 경험을 제공하고, 자신을 덜 자아중심적이고 더 창조적인 삶으로 유도하는 데에 도움을 준다는 것이다. 이 책이 출간되자 일부 대중들은 신비로운 통찰력의 촉매제인 사이키델릭 마약의 가치에 강력한 반향을 보였다. 헉슬리는 여기서 더 나아가 환각제가 과학, 예술, 종교에 커다란 이익을 줄 수 있는 잠재력을 지니고 있다고 평가했다.

그러나 이런 평가는 종교학자들로부터 신념과 훈련을 통해 순수한 정신세계로 도달하려는 종교적 태도에 비해 지나치게 주관적이라는 비판을 받았다. 그럼에도 불구하고 헉슬리는 1956년 저술한 그의 철학적 에세이 『Heaven and Hell』에서 이런 경험을 보다 더 정교화시켰다. 더불어 그는 본인이 죽을 때까지 사이키델릭 마약을 지속적으로 경험했는데, 이런 지속적인 경험은 1962년, 그의 마지막 소설 『아일랜드 Island』에 영향을 주었다.

헉슬리는 1955년에 처음으로 LSD를 경험했다고 한다. 그리고 1960년대 초, 당시 하버드 대학에서 사이키델릭 마약에 대한 리서치를 하고 있던 리어리의 조언자가 되었다. 당시 두 사람이 주고받은 서신을 비롯하여 직접 만나 미팅한 상세한 내용은 헉슬리가 LSD를 경험하고 느낀 내용을 적은 『Moksha』^{Nirvana 혹은 해탈의 의미}에 함께 기록되어 있다. 그러나 헉슬리는 리어리가 LSD에 대해 다소 무차별적이고 너무 지나치게 장려한다고 걱정했다. 더구나 LSD의 대중성에 대한 맹신을 가지고 있다고 판단하여 점차 거리를 두면서 양자의 관계는 단절되었다.

  리어리의 경우 1950년, 버클리 대학에서 임상심리학 박사를 취득하고 정신병과 관련된 리서치를 하다가 1959년 말에 하버드 대학의 임상심리학 강사가 되었다. 1957년, 그는 모건이 멕시코에서의 경험을 적은 『라이프LIFE』 잡지에서 보게 되었다. 그 글을 읽은 리어리는 1960년에 멕시코를 여행하면서 직접 실로사이빈 버섯을 먹어 보았다. 그리고 1961년 스스로 LSD도 경험하게 되었다. 이런 경험으로 인해 리어리의 인생은 극적으로 바뀌게 되었다.

  이 경험은 리어리가 당시 멕시코산 환각성 버섯을 활용하여 진행되던 CIA의 프로젝트Harvard Psilocybin Project, 1957~1963에 참여하는 동기가 되었다. 그는 이 프로젝트에 참여하여 환각성 성분을 지닌 LSD와 실로사이빈 버섯을 통한 의학적 치료 효과를 증명하고자 하였다. 그러나 많은 문제점으로 인해 해당 프로젝트는 종료되었고, 1963년 리어리는 하버드 대학교에서 강의시수 부족으로 해고된다. 그러나 실제로는 대학원생과 학부생들에게 사이키델릭 마약을 주는 등의 문제를 일으킨 것이 주된 원인이었다.

  1964년 리어리는 『티벳 死者의 書』를 LSD 사용 가이드북으로 삼고 단행본 『The Psychedelic Experience』 집필에 참여했다. 이 단행본의 핵심은 LSD, 실로사이빈, 메스칼린, DMT 등과 같은 사이키델릭 마약을 활용한 사이키델릭 경험은 더 높은 의식, 새로운 영역에 대한 여행임을 강조하는 것이다. 1966년, 베트남 반전운동의 일환으로 번진 반항문화운동이 고조되면서 미국 젊은 층의 사이키델릭 사용도 증가했다. 이 때문에 미국 보수 엘리트들도 사이키델릭 마약에 대한 관심과 우려가 증폭했다.

결국 1966년 의회 청문회에서 에드워드 케네디$^{\text{Ted Kennedy}}$는 리어리에게 LSD의 사용의 위험성에 대해 질문했다. 이에 대해 리어리는 자동차를 부적절하게 사용하면 위험한 것처럼 "사이키델릭 케미컬에 대한 도전은 그것들을 통제하는 법이 아니라 단지 그것들을 사용하는 법이 필요하다."라고 주장했다. 또한 '현재 인류가 직면한 유일한 위험은 인간의 어리석음과 무지'라고 강조하면서 LSD 사용자는 자격과 훈련을 받은 전문가가 되어야 하는 입법안을 제안했다.

훈련을 받은 전문가만이 LSD의 사용자가 되는 법안이 시행된다면, 결과적으로 사용자들은 정신적 성장, 지식의 추구, 자기 자신의 개인적 발전과 같은 진지한 목적을 위해 LSD를 사용할 것이라고 강조했다. 리어리는 그런 법안이 없으면 미국은 금주법처럼 또 다른 금지의 시대와 직면할 것이라고 예언했다. 하지만 리어리의 청문회 증언에도 불구하고 수개월 후 캘리포니아 주는 LSD 사용을 금지했다. 1968년에는 미국의 모든 주에서 법률$^{\text{Staggers-Dodd Bill}}$로 LSD 사용을 금지했다. 결국 리어리의 책도 금서^{禁書}가 되었다.

한편 1965년 리어리는 멕시코 유카탄을 여행하고 미국으로 돌아오는 도중에 텍사스에서 마리화나 소지 혐의로 체포되었다. 재판 중에 리어리의 책을 혐오한다고 표현한 판사는 3만 달러의 벌금과

30년 형을 언도했다. 그러나 리어리는 1937년에 제정된 마리화나 과세법The Marihuana Tax Act의 위헌성에 대한 심판청구로 1969년 대법원까지 올라갔다. 대법원은 1937년 법의 위법성은 물론 텍사스 경찰국이 미란다 원칙을 규정한 제5차 수정헌법을 위반했다는 이유로 리어리의 손을 들어 주었다.

이때의 대법원 판결은 리어리를 1960년대 반항문화의 가장 저명한 인물인 동시에 지도자로서의 명성을 공고화했다. 1960~1970년대에 리어리는 FBI와 정부의 反LSD 정책에 저항하면서 마약 관련 혐의로 36번이나 체포되었음에도 사이키델릭 마약의 포퓰리즘 운동을 적극적으로 전개했다. 그러나 많은 전문가들은 리어리의 이런 과격한 행동주의는 향후 30년 동안 사이키델릭 마약 관련 리서치의 억압으로 유도했다고 비난했다.

한편 이러한 대법원 판결은 결국 1970년, 마리화나에 대한 일체의 생산, 소지, 사용, 판매는 물론 마리화나와 함께 LSD와 헤로인을 1급 마약으로 지정하는 연방 통제약물법CSA을 제정하게 되는 배경이 되었다. 이 법은 마약에 대한 범죄화의 시작이었으며, 닉슨 대통령은 리어리를 "미국에서 가장 위험한 인물"로 묘사하기도 했다.

1970년, 리어리는 또 다른 마약 관련 혐의로 20년 징역형을 받았으나 당시 미국 테러단체Weather Underground의 도움으로 감옥에서 탈출하여 국외로 도피했다. 알제리, 스위스, 아프가니스탄으로 도망다니며 망명을 신청했다. 하지만 결국 1972년, 아프가니스탄에서

DEA의 직원에게 체포되어 감옥을 탈출한 죄로 추가 5년 형을 받았다. 그러나 리어리는 사전형량조정$^{Plea\ Bargaining}$을 통해 FBI의 정보원을 하는 대가로 형량을 축소받아 1976년에 석방된다.

1980년대 인터뷰에서 리어리는 1960년대를 중세의 암흑시대에 비유하면서 LSD의 효과를 빛의 속도보다 더 빠른 【은하수의 회전】이라고 표현했다. 또한 그는 LSD 사용에 대해 세 가지 중요한 절차를 강조했다. 올바른 용량^{Dosage}, 약물을 섭취한 후 자신의 감정 상태^{Set}, 전문가의 가이드^{Setting}가 바로 그것이다. 1983년, 그의 마지막 저서 『Flashbacks』에서 플래시백(환각의 재현)을 '순수한 환상'으로 평가했다. 그는 1980년대 레이건 행정부의 【마약과의 전쟁】이 진행되는 와중에 컴퓨터와 인터넷의 매력에 흠뻑 빠지면서 PC를 1990년대의 LSD로 평가했다.

LSD 사용에 대한 헉슬리와 리어리의 논쟁은 합의 보지 못하면서 그들의 관계까지도 단절시켰다. 그 후 후두암을 앓고 있던 헉슬리는 1963년, 존 F. 케네디 대통령이 텍사스주 댈러스에서 암살당한 그날 아내가 주사한 두 번의 LSD$^{100\mu g}$를 맞으면서 눈을 감았다. 리어리는 하버드 대학에서 해고된 후 1996년, 전립선암으로 사망할 때까지 대마초와 LSD의 사용을 적극적으로 홍보하였다. 이런 양자의 논쟁은 이후 1980년대, MDMA의 사용에 대한 조심스런 행보에도 영향을 주었다.

결론적으로 보수적인 헉슬리는 대중에게 LSD는 너무도 강력하기 때문에 일단 엘리트 집단^(Artists, Writers, Scientists)이 먼저 사용한 후, 점차적으로 대중에게도 허용하는 것을 주장했다. 그러나 급진적인 리어리는 LSD가 사회를 혁명적으로 변화시킬 수 있는 힘을 가지고 있다고 판단하여 가능한 한 많은 사람들에게 확산시켜야 한다고 주장했다. 하지만 당시 보수적이었던 주류사회에서는 리어리의 대중주의를 받아들일 수 없었다. 결국 새로운 의식을 강조한 LSD 사용의 급진파들은 그 모습을 감추게 되었다.

4. 반항문화운동과 환각제 혁명

1960년대에 사이키델릭 혁명을 유도한 주요 인물은 헉슬리, 리어리뿐만 아니라 키지^(Ken Kesey)라는 인물도 있다. 키지가 1962년 쓴 『뻐꾸기 둥지 위로 날아간 새^(One Flew Over the Cuckoo's Nest)』는 영화화되어 1975년 제48회 아카데미 시상식에서 오스카 작품상, 남우주연상, 여우주연상, 감독상 등 5개 부분을 휩쓸었다. 그가 병원에 있을 때의 경험을 바탕으로 집필한 이 소설은 종종 환각제의 영향 아래 놓여 있는 정신병원의 환자들이 실제로는 미친 것이 아님을 강조한다. 그들은 단지 기존의 전통적 사상과 맞지 않는 행동을 하는 사람들일 뿐인데, 사회가 억지로 정신병원에 격리시킨 희생양으로 묘사한다.

키지의 소설은 미셸 푸코^(Michel Foucault)의 『광기의 역사』^(1961)를 상기시킨다. 권력을 가진 주류사회는 【이성】과 【정상】이라는 미명하에

【비이성】과 【비정상】을 정신병자로 규정하여 사회에서 차별하고 배제시킨다. 나아가 그런 과정에서 그들의 상태를 질병으로 간주하여 정신병원에 가두거나 감옥에 가두고, 억압하고 폭력을 행사한다. 이런 행태는 오늘날에도 잘 나타나고 있다. 권력을 잡은 자는 자신만이 옳고 이성적이며 자신들이 상상하는 추상적 개념을 만들고 이에 반항하는 다른 집단은 주류사회에서 배제시킨다.

푸코는 역사적 사실들을 지적하며 이런 【이성】과 【정상】이라는 개념을 철저히 해체했다. 예를 들어, 로마사회에서 기독교가 인정받기 전까지 예수는 광인狂人으로 취급받았다. 그렇기에 그가 골고다 언덕에서 처형된 것이다. 그런 기독교가 중세에 들어 권력을 잡자, 이제는 자본주의가 발전하면서 남편의 그늘에서 벗어나려는 여성들을 광인으로 몰아 마녀사냥을 일으켰다. 최근 한국사회에서도 동성애자를 비정상으로 매도하면서 사회에서 배제시키고 있다. 무엇이 이성이고 무엇이 비이성인가? 무엇이 정상이고 무엇이 비정상인가? 정상과 비정상을 누가 판단하는가?

미국의 1950년대는 제2차 세계대전으로 고생했던 세대들이 주류사회를 형성했다. 이 때문에 전쟁영웅인 아이젠하워가 대통령에 당선된 것이다. 그들은 질서와 절약을 중시하고 기존의 전통적 생활 방식만이 올바르다고 생각하면서 대공항의 굶주림과 제2차 세계대전의 생고생을 경험하지 못한 젊은 세대를 자신들만의 규율로 옭아매었다. 소위 세대차이다. 젊은이들에게 이런 전통적 방식은 한마디로 "창살 없는 감옥"이다. 왜냐하면 그들은 기존과 다른, 새로운 사고와 새로운 방식을 추구하기 때문이다.

이런 세대 차이를 보여 주는 재미있는 이야기가 있다. 아침을 먹고 있는 아들을 보며 엄마는 한심하다는 표정으로 말했다:

엄마: 아들, 멀쩡한 바지를 두고 넌 왜 그런 찢어진 청바지를 입고 있니?
아들: (아침부터 엄마의 잔소리에 묵묵히 밥만 먹고 있다.)
엄마: 네가 그런 꼴을 하고 어떻게 교수님의 수업을 듣니?
아들: (짜증난 표정으로 여전히 밥만 먹고 있다.)
엄마: 그런 꼴을 보면 교수님이 너의 부모를 얼마나 욕하겠니?
아들: (결국 폭발한 아들)【엄~마! 제가 교수예요!】

1960년대 젊은이들의 생각과 사고에 대한 시대적 요구사항을 정책에 반영하거나 대변했던 JFK[1963], 말콤 X[1965], 킹 목사와 로버트 케네디[1968]의 암살은 기성세대에 대한 불신으로 이어져 결국 반전데모로 폭발하게 되었다. 1970년 켄트 주립대학의 반전항의운동으로 4명이 사망하고 9명이 부상당하자 이들의 분노는 정점에 이르렀다. 또한 이런 폭발은 반전뿐만 아니라 미국사회의 오랜 문제점들이 함께 폭발했다.

1950년대부터 이어 온 섹스혁명과 낙태의 자유, 시민권 운동, 비폭력 시민불복종, 페미니즘 운동, 환각제 혁명, 자유 스피치 운동, 동성애 허용, 흑인 및 소수인종 인권운동, 환경운동, 반핵운동, 반전데모, 히피운동 등이 바로 미국사회의 오랜 문제점들이다. 1960년대에 이런 운동들을 통틀어 반항문화운동이라고 말했다. 물론 핵심은 1964년 시작된 베트남 반전데모이며, 반항운동의 도구는 환각제$^{LSD,\ MDMA,\ Marijuana,\ DMT,\ Peyote,\ Psilocybin\ Mushrooms}$였다.

1950년대를 【침묵세대$^{Quiet\ Generation}$】라고 표현하는 것에 비해 1960년대는 【폭발세대$^{Explosive\ G.}$】, 【환각제 세대$^{Hallucination\ G.}$】, 혹은 주체인 나를 강조하는 【나의 세대$^{My\ G.}$】로 표현한다. 후자의 세대는 크게 두 가지 키워드로 압축할 수 있다. 하나는 새로운 형태의 음악이고, 다른 하나는 환각제이다. 그러나 양자는 동전의 양면이다. 왜냐하면 대중음악가들의 환각제 사용이 젊은이들의 환각제 사용을 촉발시켰기 때문이다. 이래서 등장한 신조어가 '사이키델리아'이다. 이는 사이키델릭 마약과 함께 사이키델릭 아트, 음악, 패션 등 서브문화의 창조로 이어졌다.

음악의 경우, 1960년대는 사이키델릭 록^{Rock}의 전성기였다. 대표적으로 비틀스$^{The\ Beatles}$, 딜런$^{Bob\ Dylan}$, 클랩튼$^{Eric\ Clapton}$, 바에즈$^{Joan\ Baez}$, 콜린스$^{Judy\ Collins}$, 홍콩영화인 「중경삼림」의 OST$^{California\ Dreamin}$를 부른 마마스와 파파스$^{The\ Mamas\ and\ the\ Papas}$, 비치 보이스$^{The\ Beach\ Boys}$, 플로이드$^{Pink\ Floyd}$, 조플린$^{Janis\ Joplin}$ 등이 있다. 사이키델릭 록의 최전성기는 1969년 뉴욕에서 개최된 약 50만이 모인 우드스톡 페스티벌$^{Woodstock\ Festival}$로, 이는 대표적인 반항운동의 상징이 되었다.

젊은이들 사이에서 제일 흔하게, 그리고 폭발적으로 사용한 마약은 마리화나와 LSD이다. 1960년대 베트남전쟁에 대한 반전데모를 했던 젊은이들은 기성세대에 대한 반항문화운동의 일환으로 이런 마약들을 사용했다. 특히 당시 비틀스 멤버와 롤링 스톤스Rolling Stones는 물론 사이키델릭 록에 심취한 많은 대중음악가들의 LSD 사용이 더욱 유행을 부추겼다. 이런 경향들이 지속되자 결국 기성세대는 마약을 미국의 가치를 위협하는 문화적 위협으로 간주하여 캘리포니아 주정부에서 처음으로 1966년 LSD를 금지시켰고, 연방정부 또한 잇달아 1970년 LSD의 사용을 불법화했다. 이어 UN도 1971년 1급 마약으로 지정했다.

특히 대표적 사이키델릭 마약으로 알려진 LSD의 경우, 반전운동과 결합되어 반항문화운동을 하는 젊은이들의 사용이 폭발적으로 증가하였다. 왜냐하면 LSD의 가장 커다란 특징 중 하나가 신비적 경험을 제공하는 것이기 때문이다. 이 때문에 사이키델릭 마약은 곧 사이키델릭 문화로 발전했다. 젊은이들의 심상찮은 LSD 유행에 대해 위에서 언급했듯이 헉슬리는 우려를 나타냈지만 리어리와 키지는 LSD의 대중화를 선전하고 다녔다.

결론적으로 1960년대 서구(특히 미국)에서 나타난 반항문화운동은 제2차 세계대전 이후 태어난 베이비붐세대가 기존 보수적인 기성세대에 반발하여 형성되고 발전된 하나의 사회현상이다. 대학생들을 중심으로 한 이들에게 반항문화운동의 빌미를 제공한 것은 여러 측면에서 살펴볼 수 있는데, 사상적으로는 마르쿠제Herbert Marcuse와 하버마스Jürgen Habermas를 중심으로 하는 프랑크푸르트 학파의 신좌파운동이었고 정치적으로는 기성 보수 세력의 베트남전쟁이었다.

이 반항문화운동은 정치사회현상은 물론 궁극적으로 예술을 포함한 보다 폭넓은 문화운동으로 나아갔고, 이를 사이키델리아로 표현했다.

⟨표 4-1⟩ 환각제가 등장하는 주요 할리우드 영화

Film	주인공	환각제	연도
「Easy Rider」	Peter Fonda Dennis Hopper Jack Nicholson	LSD cocaine	1969
「Apocalypse Now」	Marlon Brando	LSD	1979
「The Doors」	Val Kilmer Meg Ryan	LSD Peyote	1991
「The Matrix」	Keanu Reeves	Mescaline	1999
「Blueberry」	Vincent Cassel	Ayahuasca	2004
「Once Upon a Time in Hollywood」	Leonardo DiCaprio Brad Pitt	LSD	2019

이런 운동의 도구로서 등장한 것이 대마초와 LSD와 같은 환각제였다. 더구나 앞서 여러 번 말했듯 연예인 특히 대중 가수들의 환각제 사용은 젊은이들 사이에서의 유행을 더욱 부추겼다. 더불어 ⟨표 4-1⟩에서 보여 주듯 1969년 할리우드 영화 「Easy Rider」를 시작으로 영화에서조차 은연중 환각제 사용을 적나라하게 보여 주고 있었다. 한마디로 젊은이들은 1960년대 많은 대중 가수들과 함께 반전운동과 음악 페스티벌에 동참하고 환각제도 같이 사용하면서 동류의식을 만끽했다. 비틀스의 노래 $^{Tomorrow\ never\ knows}$처럼 젊음을 즐긴 것이다.

5. 환각제 혁명의 파급효과 1970~1990

1960년대 반항문화운동이라는 명목으로 폭풍처럼 휘몰아치는 정치 및 사회문화현상을 무력으로 통제할 수 있는 능력을 가진 보수적 주류세대는 이에 대한 대응을 모색했다. 이런 파급효과와 대응은 크게 세 가지로 설명할 수 있다.

첫째, 반항문화운동의 주요 동기인 베트남전쟁이다. 케네디 행정부[1961~1963]는 베트남전쟁에 미군 전투부대를 파병하는 것에 부정적이었다. 이 때문에 영화 「JFK」에서 케네디는 전쟁이 일어나야 돈을 버는 군산복합체[Military-Industrial Complex]에 의해 암살되었을 가능성을 시사한다.

케네디 암살 이후 등장한 존슨 행정부[1963~1968]는 군산복합체의 의도대로 베트남에 전투부대를 파병[1964~1973]하면서 확전했다. 이 때문에 반전데모도 점차적으로 확산되었다. 급기야 앞서 말한 1970년 켄트 주립대학에서 州방위군의 총격으로 사상자死傷者가 13명에 달할 정도로 절정에 이른 반전데모는 1972년까지 계속되었다. 결국 1973년 파리협정을 통해 닉슨 행정부가 미군을 철수시키면서 반전데모도 종식되었다.

둘째, 학생들의 반전데모를 억압할 수단으로 1970년 통제약물법을 제정하여 베트남 파병 미군들이 주로 사용하던 헤로인과 함께 대마초와 LSD를 1급 마약으로 지정하여 엄격히 통제했다. 문제는 1960년대의 비교적 온건적인 비폭력 반전데모가 1960년대 말과

1970년대 초기에 급진적이고 폭력적인 과격한 양상으로 변화한 것이다. 대표적인 사례가 위의 켄트 주립대 총격사건이다. 유럽에서는 이런 폭력적 현상이 더욱 확산되었다.

시간이 흐를수록 반전데모와 반항문화운동이 급진적이고 폭력적 현상으로 전개되자, 결국 하버마스는 이런 학생운동을 【좌익 파시즘】이라며 공개 비판했다. 결국 급진·과격의 성향을 가진 학생들은 그들의 정신적 지주였던 프랑크푸르트학파와 결별하고 무장투쟁에 나서면서 1970년대 서구사회를 도시게릴라조직의 활동으로 요동치게 만들었다. 이렇게 요동쳤던 국가에는 미국$^{Weather\ Underground}$, 영국^{IRA}, 독일^{RAF}, 프랑스^{AD}, 이탈리아^{RB}, 스페인^{ETA}, 일본^{적군파} 등이 있다.

셋째, LSD가 불법화되자 법을 제정한 직후인 1970년대 초중반에는 그 사용이 급감했다. 1967년 산도스 제약회사가 LSD 생산을 중단했지만, 대신 공산국가인 체코가 LSD를 생산하고 이를 불법수입하는 바람에 1970년대 중반부터 1980년대 초반까지 LSD의 사용이 MDMA와 동반 상승했다. 그리고 다시 하락하다가 1980년대 말, 영국에서 제2세대 사이키델릭 레이브 문화의 부상으로 인해 다시 상승하다가 2000년대 최고점에 도달했다. 레이브는 【고함치다】라는 동사에서 유래되었는데, 종합운동장에서 공연한 싸이의 「예술이야」를 떠올리면 이해가 쉬울 것이다.

1990년대 제2세대 사이키델릭 레이브 문화는 1960년대 1세대의 단순한 노스탤지어^{Nostalgia}일까 아니면 젊은이들의 새로운 문화일까? 가장 커다란 특징은 세계화와 정보화로 인해 이들 2세대는 사이버 환경에 매우 친숙하다는 사실이다. 한마디로 사이버델릭 Cyberdelic=Cyber+Psychedelic의 특징을 보여 주는 것이다. 리어리는 이런 변화하는 시대적 특징으로 앞서 말했듯, PC를 1990년대의 LSD로 표현했다.

이 때문에 음악의 측면에서는 클럽에서 현란한 레이저 빛을 동반한 전자음악과 함께하는 댄스파티가 대세였다. 1세대 사이키델릭 마약이 LSD라면, 2세대 사이키델릭 마약은 클럽마약인 MDMA와 함께 LSD, GHB, 케타민, DMT, 암페타민, 코케인, 대마초 등 환각제와 진정과 흥분을 유발하는 다양한 마약을 사용했다. 이런 마약들이 모두 불법이기 때문에 2세대 사이키델릭 레이브 문화는 결국 지하화되었다.

사회적으로 나름 안정된 생활을 누리는 40~50대 기성세대는 자신들이 고생하며 이룩한 것들을 보존하고 싶은 욕구가 있어, 급격한 변화보다는 현존하는 가치를 지키려는 경향이 있다. 그러나 20대의 젊은 세대는 기성세대와는 다른, 가능한 한 새로운 것을 추구하고 싶어 하는 본능이 있다. 이런 맥락에서 1960년대의 1세대 사이키델릭 레이브 세대가 기성세대가 되었을 때, 2세대 사이키델릭 레이브 문화를 어떻게 이해했을까? 단순한 세대차이라고만 치부했을까?

제2세대는 2000년 LSD 불법 생산시설을 급습하여 단속하는 바람에 급감하다가 2003년 이후 조금씩 살아나고 있다. 그로부터 20년이 지난 지금, 이 책의 제목처럼 21세기인 지금, 특히 2023년 코로나 사태 이후 제3세대 사이키델릭 레이브 문화가 등장할 가능성이 열려 있다. 1960년대, 1990년대, 그리고 2020년대로 거의 세대차를 의미하는 30년의 간격으로 등장했던 사이키델릭 레이브 문화가 이번엔 어떤 모습으로 등장할지 궁금하다.

제3세대가 어떤 유형으로 등장할지는 모르지만, 환각제가 사이키델릭 레이브 문화의 공통분모라는 사실은 변함이 없을 것이다. 그리고 실제 그런 가능성이 점차적으로 현실화되고 있다. 대마초는 세계적으로 합법화되고 있으며, LSD는 非범죄화 및 의료화는 물론 가까운 미래에는 오락용으로 발전할 가능성도 배제하지 못하고 있는 추세이다. 심지어 국내에서도 지난 5년간 LSD가 조금씩 유통되고 있다고 한다.

제5장

환각제와 정신변화

There is no pleasure without pain - Montaigne

이 책의 제5장은 제6장과 함께 가장 집필하기 쉽지 않았던 부분이다. 해서 이 장에서는 가능한 한 전문용어를 피하고 이해를 돕기 위한 하나의 방편으로 사랑과 마약을 비교분석하면서 인간의 뇌에 정신변화를 일으키는 중독의 의미를 파악해 보려고 한다.

첫째, 중독의 의미를 이해하기 위해 사랑과 마약은 무엇이 같고 무엇이 다른지를 알아보자. **둘째**, 마약을 하면 왜 기분이 좋은가? 기분을 좋게 만드는 호르몬이 있다면 어떤 호르몬인가? **셋째**, 기분을 좋게 만드는 것이 호르몬이라면 어떤 메커니즘을 통해 기분을 좋게 만드는가? 한마디로 정리하자면 마약이 호르몬이라는 매개체를 통해 인간의 정신을 변화시키는 과정을 살펴보는 것이다. 결론적으로 "영원한 것은 절대 없다."라는 말이 맞다면, 좋든 나쁘든 뭐든 지나치게 사용하면 물질중독이든 행위중독이든 부작용이 생긴다는 것을 유념해야 할 것이다.

사랑과 마약을 비교설명하기 전에 전직 마약 전문 교수로서 읽은 수많은 자료를 총동원하여 내린 결론은 반드시 해서는 안 되는 마약 두 가지가 있다는 것이다. 하나는 헤로인이고, 다른 하나는 메스암페타민이다. 여기서 흥미로운 점은 이 두 마약이 사실 처음에는 의약품으로 출시되었다는 것이다. 1899년 독일 바이엘 제약회사는 획기적인 치료 약 두 개를(아스피린과 헤로인) 내놓았다. 이 단 두 개의 의약품이 중소 수준의 제약회사를 글로벌 제약회사로 만드는 데 혁혁한 공을 세운 것이다. 하지만 아스피린은 100년도 넘게 사용하고 있지만, 헤로인은 10년도 안 되어 불법마약이 되었다.

1. 사랑과 마약의 관계

"사랑은 마약이다."라는 말을 종종 사용한다. 아마도 이 두 단어가 여러 측면에서 비슷하기 때문일 것이다. 필로폰 중독자도 아마 사랑에 빠진 사람과 비슷할 것이다. 10대였던 레오나르도 디카프리오가 주연한 영화 「바스켓볼 다이어리^{The Basketball Diaries}」를 보면 남녀 사랑 저리 가라 할 정도로 마약에 중독된다. 해외의 수많은 연예인이 마약중독으로 사망하는 사건은 비일비재하다. 무엇 때문에 이들은 죽음의 골짜기까지 갈 정도로 마약을 사랑했을까? 그렇다면 사랑 혹은 마약에 빠져들게 하는 공통 매개체는 무엇일까?

그 전에 【눈 맞춤^{Eye Contact}】이라는 전문용어가 있다. 상호 호감을 느끼는 남녀가 만났을 때, 자신들도 모르게 눈이 반짝 빛나는 현상이다. 필로폰 중독자가 필로폰을 했던 사람을 볼 때도 이런 현상이 나타난다고 한다. 특히 교도소에 수감되어 있던 필로폰 중독자가 새로운 필로폰 중독자가 들어오는 것을 봤을 때도 이런 현상이 나타난다고 한다. 물론 이때는 사랑의 감정이라기보다는 동지애일 것이다.

위의 현상이 나타나는 원인 중 하나는 뇌에서 다양한 호르몬의 활동이 순간적으로 강하게 나타나기 때문이다. 그 호르몬의 종류는 많지만 대표적으로 엔돌핀, 도파민, 세로토닌 등이 있다. 한마디로 기분이 좋아지고 행복의 감정이 나타나는 호르몬이 활성화되는 것이다. 또한 사랑과 마약 둘 다 성적 욕구가 증가한다. 남 부러울 게 없는 상태인 것이다. 하지만 이런 현상이 일정기간 지속되면 사랑이든 마약이든 뇌에서 항체가 생성되어 처음보다 호르몬의 분비가 줄어든다.

사랑학 전문가들에 의하면 사랑의 유통기한은 보통 2~3년 정도라고 하는데, 요즘 세대는 6개월~1년 정도인 듯하다. 더구나 결혼하고 첫날밤을 넘기지 못하고 신혼여행에서 파혼하는 사례도 심심찮게 등장하기도 한다. 마약의 경우, 그래도 사랑보다는 훨씬 오래 지속된다. 여건만 된다면 죽을 때까지 지속할 수 있을 것이다. 해서 "마약은 사랑보다 위대하다."라고 감히 말하고 싶다. 그렇다고 "사랑은 마약이다."라는 말처럼 마약을 사랑하지는 마시길 바란다.

사랑과 마약은 호르몬의 분비량이 줄어들면 나타나는 부작용도 비슷하다. 전자의 경우, 자식이라도 있으면 정情이라는 원초적 감정이 남아서 싫든 좋든 관계를 지속할 수 있긴 하다. 최악은 이혼할 때까지 대판 싸우면서 피골이 상접해 가는 것이다. 후자도 마찬가지이다. 줄어드는 호르몬 양을 쥐어짜다가 결국 마약사용량을 증가시킨다. 이것이 내성이고 심해지면 중독이 된다. 피골이 상접해 급속히 늙어 10년 이상 나이 들어 보이게 된다.

이러한 부작용이나 중독을 극복하고 남녀가 헤어진 뒤 그리고 마약을 끊은 뒤 나타나는 금단증상의 일종인 후유증도 비슷하다. 심하면 사랑이든 마약이든 자살로 이어질 수도 있기 때문이다. 이런 측면에서 사랑은 그래도 치료 약이 있다. 다른 사람이라는 대체제가 있기 때문이다. 이것도 싫으면 자유인으로 혼자 살면서 자신만의 고유한 삶은 즐길 수 있다. 그러나 필로폰 중독자는 치료 약이 없다. 워낙 중독성이 강력한 마약이기 때문에 필로폰을 대체할 다른 마약이 없다. 초지일관初志一貫이다. 이래서 "마약이 사랑보다 위대하다."라고 한 것이다.

 사랑과 마약을 비교분석한 결과를 〈표 5-1〉로 정리했다. 물론 이 표는 일반적 기준일 뿐이다. 사랑에 대한 개념적 정의도 거의 불가능한 수준이지만 필로폰 중독자도 사람마다 천양지차天壤之差이다. 다만 강조해서 말하고 싶은 양자의 가장 중요한 차이점은 사랑은 합법이지만 필로폰은 불법이라는 사실이다.

〈표 5-1〉 사랑과 마약의 비교 　　　　　　(한국 기준)

내용	사랑	필로폰	대마초	LSD
의존성	○	○	X	X
내성	△	○	X	X
금단증상	○	○	△	X
중독성	○	○	X	X
호르몬	○	○	○	○
부작용	○	○	△	△
치료약	○	X	○	○
유효기간	○	X	△	△
합법여부	합법	불법		

2. 마약과 호르몬의 관계

마약을 하면 기분을 좋게 만드는 호르몬이 나온다. **첫째**, 뇌에서 분비되는 엔돌핀^{Endorphin}이다. 이것은 마약사용의 유무와 관계없이 인간의 뇌에서 자체적으로 생산되는 강력한 진통효과를 가진 100% 천연마약이라고 할 수 있다. 합성마약 중에서 최강의 진통효과를 지닌 펜타닐도 엔돌핀에 비하면 비교가 안 된다. 아편계 마약을 사용하지도 않았는데도 이 호르몬이 스스로 분비되는 경우는 사망 직전, 출산, 치명적 중상을 입었을 때 등이다. 한마디로 인체가 극심한 통증을 느낄 때여야 스스로 분비되는 것이다.

바늘로 사람의 손을 찌르면 아프다. 이것은 인체의 곳곳에 퍼진 거미줄과 같은 신경계를 통해 통증이 뇌로 전달되기 때문에 고통을 인식할 수 있는 것이다. 다른 예를 들면, 자동차로 한강을 건널 수 있다. 왜냐하면 통행할 수 있는 교량이 있기 때문이다. 그러나 교량이 끊기면 자동차로 다리를 건널 수 없다. 통증도 마찬가지이다. 바늘로 사람의 손을 찔렀는데 안 아프다면 교량이 끊긴 것처럼 인체 어딘가에 있는 신경계가 끊긴 것이다. 그래서 뇌로 통증이 전달되지 못하는 것이다.

약국에서 구입할 수 있는 평범한 진통제를 사용하면 보통 4~6시간 정도 효과가 있다. 그러나 병원에 올 정도로 아픈 통증 환자에게는 의사가 처방하여 모르핀을 주사한다. 더 심하면 펜타닐을 주사한다. 그러면 통증이 일시적으로 사라진다. 이런 약물을 사용했을 때 통증이 사라지는 이유는 앞에서 말한 것처럼 신경과 신경을 연결해 주는 교량을 일시적으로 막아 통증이 뇌까지 전달되지 않기 때문이다. 하지만 약효는 일시적이기 때문에 시간이 흐르면 다시 통증이 온다.

그러나 교량을 파괴하지 않고 통증을 느끼지 않을 뿐만 아니라 오히려 기쁨과 행복감을 줄 수 있는 방법이 있다. 바로 마약이다. 신경과 신경을 연결하는 교량을 전문용어로 시냅스^{Synapse}라고 한다. 아편을 취하면 아편의 중독물질이 혈류를 통해 뇌로 들어가 강제로 엔돌핀을 분비하도록 만든다. 그러는 동안 아편 분자는 보초병처럼 교량의 신경 통로를 막아 버린다. 이렇게 되면 뇌로 통증이 전달되지 못해 고통을 느끼지 못하게 된다. 또한 시냅스에 엔돌핀이 가득하면 편안한 감정을 느낄 수 있다. 구름에 누운 듯한 행복감이 충만하게 되는데 이것이 러쉬^{Rush} 현상이다.

"영원한 것은 절대 없다."라는 말처럼 시간이 흐르면 아편의 약효가 떨어져 엔돌핀의 분비량도 줄어든다. 그러나 첫사랑을 쉽게 잊지 못하듯, 마약을 한번 한 사람은 절대 그 희열감을 잊지 못한다. 그래서 결국엔 다시 마약에 손을 대는 것이다. 이렇게 같은 과정이 반복하게 되고 내성이 생겨 더 많은 양의 마약을 복용하고, 결국 감옥이든 죽음이든 끝이 보일 때까지 방랑자처럼 중독자의 길을 걷게 된다.

둘째, 도파민^{Dopamine}이다. 뇌와 연결된 중추신경계^{CNS}의 신경세포인 뉴런에는 100개가 넘는 신경호르몬이라는 신경전달물질이 존재하고, 필요에 따라 분비된다. 도파민은 바로 이런 신경전달물질 중 하나이다. 뇌는 이 물질을 통해 운동신경과 감정 등을 조절한다. 이 물질은 많아도 문제, 적어도 문제이다. 딱 적당량이 좋다. 도파민이 부족하면 운동신경이 둔해지면서 파킨슨병에 걸릴 수 있고, 너무 많으면 정신분열증 혹은 ADHD에 걸리기 쉽다.

문제는 도파민이 자연적으로 분비되는 것이 아닌, 흥분성 마약인 코케인과 메스암페타민을 복용하여 인위적으로 만들어 냈을 때이다. 여기서부터 이해하기가 쉽지 않다. 흥분성 마약을 복용하면 마약의 중독물질이 혈류를 통해 검문도 없이 곧바로 뇌로 들어간다. 중무장을 하고 무단침입한 중독물질은 뇌를 협박한다. 협박받은 뇌는 즉각적으로 CNS에 명령하여 도파민 호르몬을 방출하도록 지시한다.

다른 말로 표현하면 중독물질이라는 강도가 은행장인 뇌에게 협박하여 금고지기인 CNS에 도파민이라는 돈을 인출하여 은행장실인 뇌로 가지고 오라고 명령한 것이다. 방출된 도파민이 뇌로 가기 위해서는 시냅스를 통과해야 한다. 시냅스에서는 도파민이 도망가지 못하도록 코케인 분자가 막아 계속 뇌로 가도록 만든다. 뇌에 도달한 도파민은 도파민 회로$^{Dopamine\ Pathway}$를 따라 뇌를 흥분 도가니로 만든다. 바로 이러한 【보상^{Reward}】이라는 맛에 중독물질은 강도질을 계속하면서 뇌를 엉망진창으로 만든다.

셋째, 세로토닌Serotonin이다. 도파민과 같은 신경전달물질인 세로토닌은 주로 위장관(90%)과 중추신경계(1~2%)에서 분비된다. 도파민처럼 이 물질도 뇌를 통해 감정 등을 조절한다. 이것 또한 많아도 문제, 적어도 문제이다. 적게 분비되면 우울증, 공황장애, PTSD가 나타날 수 있고, 많이 분비되면 세로토닌증후군Serotonin Syndrome이 발생할 수도 있다.

세로토닌은 흥분성 마약인 코케인과 메스암페타민은 물론 흥분성과 환각성의 이중적 성질을 가진 엑스터시MDMA라는 마약을 복용할 때 보다 더 많이 분비된다. 또한 환각제인 LSD를 복용해도 세로토닌이 분비된다. 작용 기제도 마찬가지로 도파민과 유사하다. 모든 마약은 【보상회로Reward Pathway】라는 메커니즘으로 중독을 유도한다. 뇌 속에 똬리를 튼 보상회로는 한번 작동하면 빠져나오기 쉽지 않다. 조폭처럼 들어올 땐 마음대로 들어왔지만 나갈 땐 마음대로 나가지 못한다.

일반적으로 여성들은 50대 전후가 되면 폐경기가 나타나면서 사춘기와는 비교도 안 되는 공포의 갱년기更年期가 찾아온다. 이는 여성호르몬의 분비가 급감하면서 세로토닌의 분비량도 줄어들기 때문이다. 이로 인해 우울증과 수면장애 등으로 감정의 기복이 심해지게 된다. 갱년기 기간은 평균 6~8년이지만 10년이 넘는 경우도 있다. 사춘기에 접어든 자식들은 말을 징그럽게 듣지 않고, 남편이라는 인간은 허구한 날 술 처먹고 늦게 들어오니 집 안에 혼자 남은 갱년기 여성은 허탈감과 상실감이 들고, 심한 경우 살고 싶은 마음이 없어져 목숨을 끊는 경우도 생길 수 있다.

미국 여성이라고 크게 다르지 않다. 이 때문에 1980년대 중반까지는 우울증을 지닌 갱년기 여성들에게 의사 처방전과 함께 MDMA를 제공하기도 했다. MDMA는 세로토닌의 분비량을 강제로 촉진시키는 약물이다. 그런데 1980년대 중반, 미국 청소년들의 MDMA 남용이 문제되어 DEA가 의사들과 우울증을 앓고 있는 사람들의 격렬한 반대에도 불구하고 1985년 1급 마약으로 지정해 버렸다. 이는 사람이든 물질이든 한 면만 보는 일차원적인 편향적 사고가 만든 잘못된 제도의 전형적인 사례라고 할 수 있다.

모든 사람은 세로토닌을 매일 일정량 분비한다. 어느 날 괜히 짜증이 나면서 갑자기 학교가 가기 싫거나 혹은 직장을 가기 싫은 날이 있을 것이다. 이런 날은 보통 평소보다 세로토닌의 분비량이 적기 때문이다. 이런 날에 매운 음식을 먹으면 엔돌핀과 함께 세로토닌이 평소보다 많이 분비될 수도 있다. 또한 직장 상사가 공연히 짜증을 내는 경우가 많다면 호두를 선물하는 것이 좋다. 왜냐하면 세로토닌을 분비하게 만드는 최고의 자연식품이 호두이기 때문이다.

3. 호르몬과 정신의 관계

지금까지의 내용을 간단히 정리하면, 사랑도 인간이 하는 것이고, 마약도 인간이 하는 것이기에 이 두 가지를 통해 중독의 의미를 파악했다. 요점은 사랑이든 마약이든 모두 인간의 정신과 깊은 관계가 있다는 의미이다. 마약을 하면 왜 기분이 좋을까? 이를 설명하기 위해 마약과 호르몬의 관계를 설명하면서 특정 마약이 특정 호르몬의 분비를 촉진시킨다는 것을 알았다. 그런 호르몬들이 사람의 기분을 좋게 만든다는 것도 파악했다. 또한 **마약→뇌→호르몬→감정변화**의 연계 과정을 통해 기분 좋게 만드는 메커니즘도 알았다.

이런 메커니즘에서 착각하면 안 되는 것이 있다. 먼저 인간의 신체 중에서 가장 중요한 부분은 뇌이다. 물론 뇌사 판정이 나도 어느 정도 생명을 유지할 수는 있다. 그러나 그러한 생명 유지는 인간으로서 의미가 없다. 이 때문에 뇌는 신체에서 가장 중요하다. 인간의 정신세계를 통제하는 곳이기 때문이다. 이 때문에 뇌는 아무나 출입할 수 없고 대통령 관저처럼 철통같이 보호하고 있는 것이다. 그것이 뇌혈관 장벽Blood-Brain Barrier: BBB이다.

엔돌핀, 도파민, 세로토닌과 같은 호르몬도 쉽게 뇌를 통과하지 못한다. 이런 뇌의 마지노선에 출입증이나 검문도 없이 항상 당당하게 무사통과하는 존재들이 있다. 바로 카페인, 니코틴, 알콜, 마약의 중독물질, 대부분의 바이러스 병원체 등이다. 도파민은 BBB를 통과할 수 없기 때문에 직접적으로 중추신경계에 영향을 줄 수 없다. 하지만 흥분성 마약의 중독물질이 뇌로 들어가서 유혹해, CNS에 도파민을 분비하게 만든다. 세로토닌도 마찬가지이다. 혈관과 신경계를 혼동하면 안 된다.

앞에서 "마약은 사랑보다 위대하다."라고 말했다. 이에 대한 예시로 중독의 의미에서 스마트폰이 없는 세상을 상상이나 할 수 있는지, "엄마(여친, 결혼, 남편, 아내 등)와 스마트폰 중 어느 쪽이 더 좋아?"라고 10대부터 60대에게 물었다.

10대: 당근 스마트폰이죠! 엄마한텐 말하지 마세요ㅎㅎ.
20대: 차라리 여친을 포기하죠! 좀 아깝지만ㅋㅋ.
30대: 결혼과 스마트폰이라… 그냥 스마트폰과 살래요!
40대: 남편과 스마트폰 중에 고르라고요? 이보세요! 남편은 그냥 이사 갈 때 애완견 지키라고 데리고 있는 거라구요! 비교할 걸 비교해야지!
50대: 여보, 결혼생활과 스마트폰 중에 선택하라고 하는데 어떡해? 그냥 도장 찍어!
60대: 와이프와 스마트폰 중에 하나만 고르라고? 하! 고민되네! 밥이나 스마트폰이냐 그것이 문제로다!

결론은 "스마트폰은 마약보다 위대하다." 왜냐하면 우리 모두는 거의 스마트폰 중독자이기 때문이다. 고로 경찰이나 검찰은 마약사범을 잡으려고 노력하지 말고 최고의 중독행위인 스마트폰 사용자를 잡아야 한다. 물론 스마트폰의 개인적 소지와 사용은 非범죄화로 하고 대신 생산, 유통, 판매자들은 가중 처벌해야 한다.

다시 요약하자면, 사랑과 마약을 비교하면서 중독의 의미를 알았다. 마약과 호르몬의 관계를 설명하면서 마약이 호르몬의 분비를 촉진시킨다는 것도 알게 되었다. 호르몬이라는 매개체를 통해 보상회로라는 개념으로 마약이 인간의 정신변화를 서서히 통제하고 있는 것도 알았다. 결론적으로 **마약→BBB→뇌신경계(보상회로)→호르몬→【시냅스】→감정 변화**의 연계과정을 통해 우리의 기분을 좋게 만드는 메커니즘도 알았다.

중독의 정확한 원인은 아직 분명하지 않다. 가장 유력한 이론 중 하나가 유전적 원인이다. 최근 연구에서 중독 유전자를 발견했기 때문이다. 2000년에 인간의 유전자 30만 개가 99% 해독되었다. 만일 유전공학에 의해 이 중독 유전자를 제거하면 중독에서 벗어날 가능성도 있다.

제6장

사이키델릭 마약류의
의학적 치료 효과

in the future this **problem child** *could become a* **wonder child**
- Albert Hofmann

논문 혹은 책을 집필할 때, 가장 먼저 하는 일은 제일 중요하다고 생각하는 핵심 단어의 개념을 잡는 것이다. 이 책의 핵심 개념은 환각제이다. 그런 다음 범위를 좁히며 서술한다. 왜냐하면 모든 환각제를 다룰 수는 없기 때문이다. 해서 결정한 것이 대마초와 LSD이다. 전자는 거의 100년 가까이 논쟁의 대상이 되었기 때문이고, 후자는 그것을 최초로 합성한 호프만 박사에 대한 필자의 신뢰 때문이다. 앞에 기울기로 적혀 있는 글은 서문의 마지막을 장식하는 글이다.

이 책을 집필하는 가장 중요한 이유 중 하나가 바로 마리화나와 LSD의 경우, 의학적 치료 효과가 매우 높다고 보기 때문이다. 이 때문에 이 장은 이 책의 가장 중요한 부분이고 이 책을 집필한 이유이기도 하다. 특히 앞에서 언급한 호프만 박사의 예견이 가까운 미래에 실현이 가능하다는 촉이 오기 때문이다. 【Wonder Child】가 아니라 좀 더 성숙한 【Wonder Boy】로, 그리고 그것을 넘어 【Super Man】이 되는 미래를 상상한다.

제4장에서는 푸코의 『광기의 역사』를 간단히 설명하면서 세계 대부분의 주류사회는 LSD를 【비정상】 혹은 호프만이 자조적으로 지

적한 것처럼 【문제아】로 취급했다고 언급했다. 앞서 환각제라는 문제를 제기했다면 이번 장에서는 그에 대한 문제 해결의 실마리를 제공할 것이다. 이 장은 필자의 전공이 아니다. 그 때문에 집필하기가 가장 어려웠던 부분이지만 가장 중요한 부분이기도 하다. 이 부분이 없다면 이 책은 "앙꼬 없는 찐빵"에 불과하기 때문이다.

1. 사이키델릭 마약류의 의학적 치료에 대한 배경

사이키델릭 마약은 넓은 의미로는 향정신성 약물이라는 뜻이지만, 좁은 의미로는 환각성 마약에 속한다. 왜냐하면 '사이키델릭 효과'라는 의미에서 의식의 변화가 내포되어 있기 때문이다. 이와 같은 사이키델릭 마약은 크게 두 종류로 세분된다. 하나는 천연 사이키델릭 마약이고, 다른 하나는 합성 사이키델릭 마약이다. 전자의 예는 Cannabis, Ayahuasca^{DMT}, Psilocybin Mushrooms^{Psilocybin}, Peyote^{Mescaline} 등이고, 후자의 예는 LSD, Ketamine, MDMA 등이다.

앞선 제5장에서 설명했지만 이번 장에서는 사이키델릭 마약이 인간의 뇌에 미치는 효과에 대해 다시 한번 간략히 설명한다. **첫째**, 감각효과이다. LSD, 실로사이빈, 메스칼린, DMT의 경우 시각과 청각이 왜곡되는 현상을 느낄 수 있다. 예를 들면 【소리가 색으로 보이고 색이 소리로 들리는 현상】이다. 이런 현상들이 모든 사이키델릭 마약에서 나타나는 것은 아니다. 예를 들면 LSD와 대마초는 같은 환각제로 분류되지만 이 둘이 같은 효과를 지닌다고 생각하는 것은 한참 잘못된 것이다. 또한 사이키델릭 효과는 마약류를 사용한 개인의 환경에 따라 다르게 나타날 수 있다.

둘째, 감정 및 인식효과이다. 대부분 사이키델릭의 마약은 극소량 Microdosing: 10ug만으로도 기분전환을 느낀다. 이런 기분이 아주 좋으면 【Good Trip】 반대면 【Bad Trip】이라고 부른다. 전자의 경우, 사용자가 세상과 함께 연결된 느낌을 가진다. 사이키델릭 마약을 섭취했을 때 나타나는 이런 두 가지 영향을 어떤 학자는 【Safe Trip】 혹은 【Unsafe Trip】으로 구분하기도 한다.

그러나 제4장에서 언급했듯이, LSD를 많이 경험한 리어리는 마약을 사용할 때 올바른 용량Dosage; 자신의 감정 상태Set; 전문가의 가이드Setting를 지킬 것을 강조했다. 이런 말을 해도 꼭 오남용하는 사람들이 있다. 이래서 항상 문제가 발생하고 범죄화되는 것이다. 대마초를 피울 경우에도 올바른 흡연 가이드Erowid's L.E.S.S. approach가 있다. ① Low dose ② Establishing Potency ③ Going Slow ④ Supplementing 등이 바로 그것이다.

사이키델릭 마약을 사용할 때 발생하는 가장 커다란 문제는 필로폰과 같은 마약을 섞어 사용하는 것이다. 기본적으로 대다수의 사이키델릭 마약은 뇌의 세로토닌 및 도파민 시스템에 직접적으로 작용하지 못한다. 이 때문에 의존성과 중독성의 위험은 무시할 정도로 매우 낮은 것이다. 그러나 반대로 필로폰과 같은 중독성이 강한 마약은 뇌의 도파민 시스템에 직접적으로 작용한다. 이런 요소들이 마약중독의 결정적 요인이 된다. 중독성이 없는 마약이라도 필로폰과 같은 중독성이 강한 마약과 섞어 사용한다면 뇌의 세로토닌 분비를 유발시켜 급성세로토닌증후군을 유도할 수 있다.

제2장과 제3장에서도 설명했지만 고대부터 사이키델릭 마약은 종교용, 의식용, 치료용, 오락용 등 다양한 목적으로 사용되었다. 그러나 그런 것들은 모두 천연 사이키델릭 식물이었기 때문에 오늘날의 합성 사이키델릭 마약과는 상황이 완전히 다르다. 천연 사이키델릭 식물은 합성마약보다 뇌에 영향을 끼치는 자극이 적고 사용자들도 샤먼과 지배 엘리트 정도의 극소수였기 때문에 전혀 문제가 없었다.

20세기 환각제의 향정신성 효과와 메커니즘을 최초로 연구한 사람은 독일계 미국인 클루버$^{\text{Heinrich Klüver: 1897~1979}}$이다. 그는 메스칼린으로 실험하면서 환각제와 인간 무의식의 관계를 연구했다. 20세기 들어 MDMA^{1912}, LSD^{1938}, Ketamine^{1962} 등의 사이키델릭 합성마약이 등장했고, 마약이 금지되기 전인 1950~1960년대에는 이런 마약을 활용한 정신병 치료에 대한 연구가 진행되었다.

문제는 이 기간 동안 방법론과 이론틀에 대한 충분한 데이터를 확보하지 못하고 마약사용이 법적으로 금지되었다는 사실이다. 21세기인 지금도 여전히 마약은 불법이고, 많은 규제가 있지만, 그럼에도 많은 대학들에서는 사이키델릭 마약에 대한 연구를 점차적으로 활성화시키고 있다. 문제는 시간이다. 새로운 의약품을 개발하기 위해서는 많은 시행착오가 필요하다.

그러나 제1장에서도 잠시 언급했듯이, 젊은 세대는 그 시간을 기다리지 못한다. 현재 한국을 포함하여 전 세계적으로 사이키델릭 마약이 확산되고 있다. 제4장에서는 사이키델릭 마약을 오락용으로 사용하는 21세기 제3세대 레이브 문화의 등장 가능성을 이야기했다. 필자는 그들이 리어리의 충고를 지키면서 마약류를 사용하리라고는 생각하지 않는다. 이 때문에 오락용이 아닌 의학용의 합법화를 강조하는 것이다.

2. 대마초에 대한 의학적 치료 효과

일반적으로 칸나비스는 비교적 약한 사이키델릭 마약이기 때문에 LSD처럼 【색이 들리고 소리가 보이는 현상】은 나타나지 않는다. 한마디로 보통의 환각제처럼 비주얼 효과가 매우 제한적이라는 의미이다. 그러나 매우 높은 양의 THC를 섭취하면 칸나비스 또한 사이키델릭 환각을 유도할 수 있다. 이런 말을 하는 이유는 앞선 제2장에서 마약을 분류할 때 칸나비스 혹은 대마초를 환각제 마약으로 분류했기 때문이다.

처음 쿠바산 시가를 피우면 머리가 띵~ 할 정도로 아찔하다. 이런 현상은 대마초가 사티바종 혹은 인디카종이냐에 따라 다르고, THC

용량에 따라 다르고, 처음 하는 사람과 많이 한 사람에 따라 또 천차만별이다. 한마디로 일반화할 수 없다. 그럼에도 불구하고 대마에 의학적 치료 효과가 있느냐 없느냐에 대한 논쟁의 핵심을 파악하기 위해서는 현재까지 밝혀진 대마의 핵심 성분인 THC와 CBD에 대한 지식이 선결 조건이다. 이를 상세하게 알아보기 전에 고대인들은 대마초를 어떻게 의료용으로 사용했는지를 살펴보자.

요즘 유행하는 대마 종자유는 THC와 CBD 성분이 거의 없는, 햄프 씨를 짜면 나오는 기름이다. 이와 같은 햄프 씨는 대마의 의학적 효과보다는 오히려 고대 중국인이나 멕시코 마야인들이 음식으로 사용한 기록이 있다. 물론 현재도 사용하고 있다. 1kg에 10,000원 정도이다. 한편 중국 한의학 최초의 저서로 알려진 【신농본초경神農本草經】에 대마에 대한 기록이 전해진다. 이를 기반으로 대마를 갈아 와인과 섞어 마취제, 변비약, 모발보호 등으로 사용했다는 것을 알 수 있다. 물론 지나치게 많이 사용하면 환각도 일으킬 수 있다는 경고도 있다.

인류 4대 문명의 발상지에서 대마가 의료용을 포함한 다양한 용도로 사용된 기록이 발견됐다. 그중에서 가장 많이 사용한 용도는 진통용이었다. 이런 대마가 19세기 중엽에 서구에 소개되고, 곧 와인과 섞어 통증 치료용으로 사용되기 시작했다. 그러나 19세기 말부터 대마의 의료적 사용은 감소하기 시작했다. 이유는 세 가지이다. 통증을 치료하기 위한 적정량이 물에 잘 녹지 않아 주사기를 사용하기 불편했고, 대마보다 통증에 획기적인 모르핀과 아스피린이 등장했으며, 이런 모르핀을 쉽게 사용할 수 있는 주사기가 발명되었기 때문이다.

이런 대마의 의료용으로써의 관심은 아이로니컬하게도 1970년, 미국이 대마를 1급 마약으로 지정하면서 새로운 모습으로 등장했다. 대마초의 리서치조차 엄격히 금지된 26년 동안 대마의 의료적 효과에 대해 알게 모르게 연구한 결과, 1996년 캘리포니아 주가 최초로 대마의 의료적 사용을 합법화했다. 특히 암 환자에게 통증완화와 식욕증진의 효과로, 그리고 AIDS에게는 통증완화로 허용한 것이다. 주정부는 대마를 씹을 수 없는 암 환자에게는 즉각적인 효과를 볼 수 있도록 지정한 장소에서의 흡연을 허용했다.

대마에는 약 500~600개의 자연적 화학물이 있다. 그중에서 약 100개 정도에 칸나비노이드^{Cannabinoids}가 있다. 의료적 측면에서 현재 가장 대표적이고 핵심적 주성분은 THC^{Cannabinol}와 CBD^{Cannabidiol}이다. THC 다음으로 CBD는 최대 40%를 차지한다. 또한 〈표 6-1〉에서 보여 주듯, 양자는 의학적 효과에서 유사성과 사이성이 공존한다. 잎과 줄기에도 있지만 특히 햄프 씨에 있는 CBD는 향정신성 효과가 거의 없기 때문에 의약품으로 사용할 수 있는 것이다. 물론 대마 종자유는 CBD를 없앤 것이다.

〈표 6-1〉 CBD vs. THC

내용	CBD	THC
불법	No	Yes
향정신성 효과(도취감)	No	Yes
부작용	약간	향정신성 부작용
마약 테스트에 나타남	가능	Yes
통증 억제	Yes	Yes
메스꺼움 완화	Yes	Yes
편두통 완화	Yes	Yes
불안감 완화	Yes	Yes
우울증 완화	**Yes**	No
발작 완화	**Yes**	No
염증에 도움	Yes	Yes
불면증에 도움	Yes	Yes
정신병에 도움	Yes	No
식욕증진	No	Yes
다양한 다른 조건에 이용	Yes	Yes

출처: https://www.healthline.com/health/cbd-vs-thc

다시 말하면 THC가 가장 많은 부분은 인디카종 암컷 꽃망울 Flowering Buds에서 추출한 수지인 해시시이다. 여기에 케미컬을 넣어 짜낸 것이 흑갈색의 해시시 오일이다. 해시시 오일에는 약 60%의 THC 성분이 있다. 또한 해시시에는 약 20~30%, 잎에는 5~10%, 줄기에는 잎의 1/10 정도가 존재한다. 이런 연유로 미국의 경우, 햄프 외에서 추출하는 CBD에는 향정신성 성분이 있는 THC가 존재하기 때문에 연방차원에서는 여전히 불법이다. 그러나 햄프에서 추출한 CBD(0.3% 이하 THC 함유)는 합법이다.

〈표 6-2〉 대마 관련 의료용 제품

일반명	제품명	허용국가	관련 치료
Nabilone (THC)	Cesamet	US(1985) Canada	화학치료와 연관된 구토와 메스꺼움
Dronabinol (THC)	Marinol		
	Syndros	U.S.	AIDS 관련 식욕부진
Nabiximols (THC+CBD)	Sativex	Canada New Zealand 대다수 EU 국가	발작, 다발성 경화증, 난치성 암통증과 연관된 신경통증
100% CBD	**Epidiolex**	US(2018)	뇌전증(간질 발작)

〈표 6-2〉는 대마 관련 의료용으로 승인된 것들을 정리한 표이다. 한국에서 허용한 품목은 거의 100% 순수한 자연산 CBD인 Epidiolex이다. 나머지 제품은 화학합성한 것이다. Epidiolex가 전혀 부작용이 없다는 의미는 아니다. 많은 양을 복용할 경우 혹은 장기간 사용할 경우 부작용이 나타날 수도 있지만, 다른 제품에 비해 상대적으로 양호하다는 의미이다. 물론 다른 제품의 부작용도 심각하지는 않다. 사용방법은 양자가 조금씩 다르지만 CBD는 주로 오일 형태로, THC는 알약 형태로 사용된다. 주의해야 하는 제품은 THC 성분이 있는 쿠키 형태의 제품이다.

최근까지도 대마를 이용한 치매, 당뇨, 녹내장, 투렛 증후군[Tourette Syndrome] 치료에 대한 리서치는 계속되고 있다. 결론적으로 대마에 대한 리서치는 현재 진행형인 것이다. 대마에 있는 자연적 케미컬들 중에서 발견된 것은 고작 25% 정도이다. 향후 더 많은 케미컬들이 발견되고 이것이 어떤 의료적 효과를 줄지는 아직 모른다. 대마는 기분 좋은 느낌을 주는 신경전달물질인 도파민이나 세로토닌을 분비시키는 향정신성 효과가 나타나는 것도 다른 마약과 다르다. 이런 도파민이 식욕을 증진시키는 역할을 한다.

CBD가 THC의 부정적 효과를 완화시킨다는 연구결과도 있다. 그러나 CBD와 THC가 의학적으로 어떻게 상호작용하는지, 또 양자를 결합할 경우 어떤 의학적 효과가 나타나는지는 여전히 연구 중이다. 대마초 흡연과 항상 비교되는 것이 담배 흡연이다. 타르^{Tar}를 포함한 다양한 발암물질이 담배에는 약 70개, 대마초에는 약 50개가 나타난다. 하지만 이것은 큰 의미가 없다. 왜냐하면 담배든 대마초든 오랫동안 흡연한다면 당연히 타르가 몸에 더 쌓일 것이기 때문이다.

흥미로운 점은 THC가 높을수록 타르를 적게 흡수한다는 연구결과가 있다는 것이다. 대마초에 있는 여러 가지 칸나비노이드가 암을 억제하는 기능이 있다는 연구결과도 있다. 화학치료를 받은 폐암 환자에게 식욕 증진을 위해 대마초 흡연을 권했는데 폐의 암세포가 줄어들었다는 연구결과도 있다. 물론 하나의 연구결과로 모든 것을 일반화할 수는 없다. 다만 다양한 데이터는 의학적 효과를 알아낼 확률이 높고, 이에 대한 구체적인 메커니즘을 밝힐 수만 있다면 노벨상 감이다. 한국인의 암 사망률 1위가 폐암이기 때문이다.

이런 맥락을 바탕으로 대마초 흡연에서 나타나는 진실과 오해를 간략하게 살펴보자. 일반적으로 사티바종은 향정신성 효과를 더 자극하여 약간의 활력을 제공하지만 인디카종은 신체를 느긋하게 진정시키는 역할을 한다. 대마초 흡연에 의존성, 내성, 금단증상이 전혀 없는 것은 아니지만 무시할 수 있는 수준이다. 물론 하루 1갑 이상 피우는 담배 흡연자처럼 대마초를 흡연한다면 최소 1~2달은 대마초 흡연을 중지해야 그런 증상들이 사라진다. 담배와는 달리 중독성이 그만큼 적다는 의미이다.

대마초를 언급할 때 빠지지 않는 것이 징검다리 가설Stepping-Stone Hypothesis이다. 이 가설은 1930년대 미국에서 마리화나 과세법1937을 만들기 위해 "대마가 사람을 미치게 만든다."라는 악의적인 정치적 선전 문구를 선보이면서 발생했다. 그러나 실제로 이 가설을 적용해야 할 중독물질은 대마초가 아니라 담배와 알콜이다. 실제를 보지 못하고 그런 가설을 진리인 양 떠드는 것이 문제이다.

대마초 흡연과 운전과의 상관관계에서도 어느 종의 대마초를 피웠느냐가 중요하지만, 먹는 칸나비스의 경우 체내에 흡수되는 것이 느려 위험할 수 있다. 왜냐하면 운전자가 느끼지 못할 정도로 효과가 천천히 나타나기 때문이다. 그런데 대마초 흡연 후 교통사고를 일으키면 대마초가 교통사고를 유발했다고 난리 부르스를 친다. 제발 그런 꼴값은 떨지 말기를 바란다. 수면 내시경 후에도 운전하지 말라고 하는데, 어쩔 수 없이 운전하는 경우도 있다. 대부분 문제없지만 만일 교통사고라도 나면 수면 내시경을 전면 금지시킬 것인가?

요점은 하나의 사건으로 그것이 전부인 양 일반화시키지 말라는 것이다. 항상 머리에 똥만 들어 있는 인간들이 어디서 주워들은 것은 있어 가지고 들은 지식을 남용한다. 불법마약을 남용하면 자신만 피해를 보지만 어쭙잖은 지식을 남용하면 타인에게도 피해를 준다. 미국에서 아스피린과 같은 의약품을 복용한 환자들이 매년 수천 명씩 죽어 가는 것에 비교하면 위에서 언급한 흡연 가이드를 준수하며 사용하는 대마초는 극단적으로 안전하다고 평가할 수 있다. 땅콩 먹다가 목에 걸려 죽는 경우는 있어도 대마초 피우다 죽는 경우는 없다.

현재 THC보다는 CBD에 대한 연구가 인체 및 동물실험 등을 통해 활발히 진행되고 있다. 예를 들면 〈표 6-2〉에서 보여 준 간질은 말할 것도 없고 정신분열, 우울증, 불안증, PTSD, 알콜 및 니코틴 중독, OCD, 파킨슨병, 치매, 뇌졸중, 관절염, 암(특히 폐암), 장염 및 크론병, 당뇨, 편두통, 불면증, 자폐증 등에 대한 연구에서 심각한 부작용 없이 성과를 보여 주고 있다. 재미있는 것은 FDA에서 발표한 사실인데, 인간과 유사한 증상을 보이는 개 혹은 고양이와 같은 애완용 동물들에게 처방한 CBD가 아직까지 부정적 증상을 보이지 않고 있다고 한다.

결론적으로 말하면, 인간이 만든 의약품 중 완벽한 약은 존재하지 않는다. 그중에서 인간에게 가장 유익한 약을 하나만 고르라면 필자는 아편에서 추출하여 합성한 모르핀을 선택하겠다. 왜냐하면 19세기 초에 등장한 모르핀은 200년 넘게 수많은 인간들의 싸움터에서 고통을 줄여 주었던 최고의 의약품이기 때문이다. 모르핀은 군에서 비상훈련 시 의무적으로 항상 휴대하는 것으로, 간단하고 쉽게 사용할 수 있다. 그러나 이런 모르핀도 남용하면 중독될 수 있다. 이 때문에 의사 처방전이 필요한 것이다.

이런 맥락에서 현재 미국 FDA가 승인한 대마초 관련 합성의약품 조차도 아직까지 완벽하지 않다. 또한 앞으로도 개발될 대마초 관련 의약품도 완벽하지 않을 것이라는 의미이다. 이것은 모든 의약품에는 반드시 부작용이 있다는 뜻이다. 또한 인간의 신체는 신비롭기 때문에 같은 의약품이라도 사람에 따라 부작용이 다르게 나타날 수 있다는 점을 유의해야 한다. 필자가 대마초의 의료용 합법화를 적극적으로 찬성하는 가장 중요한 이유는 인도적 차원이다. 아프면 서럽다. 아픈 사람이 특히 아동이면 그것을 지켜보는 부모는 더 서럽다.

LSD 혹은 환각식물도 마찬가지로 의료용 합법화를 적극적으로 찬성하는 이유는, 이를 필요로 하는 사람들이 대부분은 노환으로 안락사를 원하는 사람들이거나, 기존 의약품으로 통증치료가 무의미한 경우이기 때문이다. 이 때문에 FDA조차도 일부 환각제를 【혁신치료Breakthrough Therapy】에 한해 사용을 허가하고 있는 것이다. 현재 많은 국가들에서 이런 사람들을 위해 완전한 합법보다는 편법으로 호스피스 병동을 운영하고 있다.

3. 실로사이빈 버섯에 대한 의학적 치료 효과

제2장에서 10종류의 환각식물을 언급했다. 국내에서는 사티바 종 칸나비스만 존재하기 때문에 공연히 환각식물을 찾는다고 전국의 산을 돌아다니지 말기를 바란다. 이 파트에서는 원래 실로사이빈 버섯, 페요테, 아야와스카 등 세 종류의 환각식물들에 대해 설명할 계획이었다. 앞의 두 종류는 주로 멕시코에서, 나머지 하나는 필자의 학위 논문 대상 국가인 콜롬비아의 아마존 유역에서 서식하는데, 필자는 두 곳 모두 방문한 적이 있기 때문이다.

환각식물을 전부 소개하는 것은 쓸데없는 욕심이다. 다만 또다시 멕시코 여행을 갈 기회가 생긴다면 페요테 순례행사에 참석하여 맛보기로 먹어 볼 수 있을지 누가 알겠는가? 그리고 아야와스카는 콜롬비아에서 관광 상품으로 합법화했으니 기회가 되면 가 볼 생각이다. 혹시 누가 알겠는가? 직접 경험하고 유튜브에 올릴지? 해서 이 책에서는 이 두 가지는 각설하고 실로사이빈 버섯에 대해서만 설명하겠다.

먼저 실로사이빈 버섯에 대해 상식적 수준에서 알아보자. 2020년, 국내에서 처음으로 환각버섯을 재배하다가 적발된 사례가 발생했다. 개인적으로는 그런 재배에 대해 큰 문제가 없다고 생각하지만 엄연히 불법이다. 법을 위반하면서까지 쓸데없는 짓은 하지 말기를 바란다. 아마도 재배한 후 자신이 사용하기보다는 판매해서 불법수익을 얻으려고 했을 것으로 판단된다.

실로사이빈 버섯은 180종이 넘고 최근까지도 새로운 종이 발견되고 있다. 대표적인 것은 세 종류-*Psilocybe Mexicana, Cubensis, Azurescens*이다. 가장 많이 사용하는 것이 첫 번째와 두 번째이지만, 주요 성분인 실로사이빈 농도가 가장 큰 것은 세 번째이다. 이 버섯들은 멕시코의 마야 및 아스테카 문명에서 종교의식용, 치료용, 오락용으로 사용되었다. 아스테카의 언어*Nahuatl*로 이 버섯은 테오나나카틀*Teōnanācatl: 신성한 버섯*이라고 불린다. 이 때문에 1502년 아즈테카의 마지막 황제*Moctezuma II*의 즉위식에 화환으로 공양할 정도였다.

스페인은 자신들이 정복했던 300년 동안 아스테카에서 이 버섯을 非문명적이라는 미명하에 금지시켰으나 원주민들은 비밀리에 사용을 지속했다. 1799년, 처음으로 이 버섯을 환각성 버섯으로 명명했다. 1955년, 서구인으로서는 처음으로 J. P. 모건이 멕시코 마자텍 축제에 참석하면서 이 버섯이 서구 사회에 알려지게 되었다. 1957년, 그는 『라이프』잡지에 이에 대한 글을 실었고, 『타임』잡지가 이를 【마법의 버섯】으로 명명했다. 이를 알게 된 호프만 박사가 1958년 버섯의 주요 성분을 추출하여 처음으로 실로사이빈과 실로신*Psilocin*으로 규정했다. 이어 1970년대 리어리를 통해 사이키델릭 마약의 하나로 알려지게 된다.

1990년대, 맥케나는 자신의 저서 『신들의 음식』을 통해 【마약원숭이】가설을 제시했다. 한마디로 원숭이가 이런 버섯을 먹고 점진적으로 진화해 지적인 인류가 되었다는 주장이다. 주류 과학계는 이 가설의 증거가 부족하여 회의적 시각으로 바라보았으나 이를 연구하는 학자들은 그렇게 생각하지 않았다. 왜냐하면 기존 인류학 혹은 고고학적 리서치는 100년이 넘는 시간 동안 이루어진 것에 비해 맥케나가 이 가설을 주장한 것은 불과 20년 정도밖에 되지 않았기 때문이다. 지속적으로 연구를 한다면 언젠가는 이 가설이 증명될 수도 있다.

중요한 것은 이 버섯이 의학적 치료 효과가 있는가이다. 이의 증명은 이 버섯의 가장 중요한 성분인 자연적으로 발생한 환각물질인 실로사이빈을 통해 가능하다. 실로사이빈 자체는 생물학적으로 비활성이지만 섭취 후 소화가 되면 간에서 실로신으로 전환되면서 뇌에서 세로토닌이 분비된다. 이 때문에 LSD, 메스칼린, DMT처럼 황홀하고 다양한 사이키델릭 효과가 3~6시간 동안 지속되는 것이다. 실로사이빈을 최초로 합성한 호프만 박사가 근무한 산도스 제약회사에서는 이를 사이키델릭 심리치료약으로 상품화했다.

약학적으로 실로사이빈은 육체 및 정신적 의존성이 없다. 왜냐하면 이 물질의 환각성분은 메스칼린보다 10배나 약하고 LSD보다는 100배나 약하기 때문이다. 보통 사람마다 용량마다 사이키델릭 효과는 다양하지만 일반적으로 건조된 버섯의 용량이 보통(2~3.5g: 건조버섯 1kg에 1~2%의 실로사이빈이 존재)일 경우 완전한 사이키델릭을 경험할 수 있다. 그러나 내성이 생겨 5g 이상 사용할 경우, 현실과의 괴리 현상을 유발하면서 강렬한 환각을 동반, 심하면 부작용인 급성세로토닌증후군으로 위험할 수 있다. 이 때문에 의학적 클리닉에서는 주의 깊게 용량을 조절하고 있다.

 버섯에 존재하는 이런 사이키델릭 효과를 의학적 치료에 사용하는 경우는 크게 세 가지이다.

첫째, 대부분 환각식물 혹은 환각물질처럼 우울증 치료이다. 2011년 연구결과, 실로사이빈이 1980년대 우울증 치료제로 사용했던, 세로토닌의 분비를 촉진시키는 MDMA보다 효과가 훨씬 좋았다고 한다. 특히 FDA는 말기 암환자에게서 나타나는 우울증에 의미 있는 개선을 보여 주었다고 발표했다. 또한 강박장애 환자에게도 그 증상이 23~100%까지 감소하는 경향을 보여 주었다. 이 때문에 FDA도 실로사이빈을 우울증에 대한 혁신치료로 지정했다.

둘째, 중독치료이다. 1950~1960년대에는 사이키델릭 마약에 대한 리서치가 활발했다. 그러나 1960년대 젊은 층의 사이키델릭 혁명이 미국 보수 세력의 우려를 낳아 결국 1970년대 이런 리서치들이 전면적으로 중지됐다. 당시 중지된 리서치의 가장 핵심적 연구가 마약을 활용한 중독치료였다. 2015년의 연구는 실로사이빈이 알콜중독치료에 유용하다는 것을 증명했다. 후속 연구인 니코틴 중독도 긍정적 효과를 보였다. 기존의 다양한 담배 금연 방법의 성공률이 35%인 것에 비해 실로사이빈 치료는 80% 정도로 양호한 결과를 보여 주고 있다.

셋째, 군발성 두통Cluster Headaches의 치료이다. 군발성 두통이란 매일 특히 밤마다 15~180분 정도 머리의 특정 부분에 나타나는 극심한

편두통을 의미한다. 현재까지 정확한 원인은 밝혀지지 않았지만, 사이키델릭 효과를 활용한다면 기존의 약보다 거의 50% 더 효과적인 치료를 할 수 있다고 한다. 끝으로, 최근에는 정신질환에 대한 치료로 뇌의 통제시스템인 DMN^{Default Mode Network}을 리셋^{Reset}하는 연구가 진행되고 있다고 하니 기대된다. 이런 연구에 2018~2019년도 FDA가 연구자금을 제공하기도 했다.

실로사이빈은 2020년, 미국 연방법이 1급 마약물질로 지정했지만 오리건 주가 실로사이빈 사용을 최초로 非범죄화했고 의료적 사용도 합법화했다. 또한 조지아와 아이다호 주를 제외한 모든 주에서 실로사이빈 성분이 없는 버섯 씨의 온라인 판매를 합법화했다. 이런 행보는 아마도 미국이 리서치를 통한 신약개발에 특허권을 확보하기 위한 조치라고 판단된다. 여하튼 위의 질병이 있는 사람들은 오리건 주로 가서 치료를 받기 바란다. 문제는 돈이다. 미국에서 의료보험 없이 치료를 받을 경우 엄청 비싸다. 손에 고름을 짜는 데도 보험이 없으면 1만 달러이다.

의약용이 아닌 오락용의 경우, 건조한 버섯을 그냥 씹어 먹기 보다는 보통 레몬이나 땅콩버터를 섞어 주스나 스무디로 만들어 마신다. 그냥 건조한 버섯을 먹는 것보다는 차로 마시는 것이 효과를 빠르게 볼 수 있고, 맛있기 때문이다. 언젠간 멕시코로 또다시 여행을 간다면 이런 차를 음용해 보고 싶다. 문헌에 의하면 이런 버섯 여행은 섭취^{Ingestion}→발증^{Onset}→2~3시간 정도의 피크^{Peak}→안정^{Comedown}의 4단계를 거친다고 한다.

결론적으로 2017년 글로벌 마약 서베이$^{Global\ Drug\ Survey}$에 의하면 실로사이빈은 시장에 유통되는 모든 오락용 향정신성 마약들 중에서 가장 안전하다고 한다. 왜냐하면 非중독적이고 장기간 사용해도 육체 및 정신적 의존성이 드물기 때문이다. 다만 문제는 다른 마약들과 혼합하여 사용할 때이다. 대부분 환각물질들은 다른 마약들과 혼합 사용할 때 문제를 일으킨다. 그러나 실로사이빈의 경우 알콜을 제외하고는 커피도 큰 문제가 없고 대마, 케타민, MDMA와도 문제가 크지 않다고 한다.

4. LSD에 대한 의학적 치료 효과

1938년 호프만의 LSD 발견은 20세기에서 가장 중요한 의약품의 발견 중 하나라고 평가하고 싶다. 그는 LSD를 처음에는 실수로, 두 번째는 의도적으로 직접 체험했다. 그리고 1963년, 호프만은 LSD를 【영혼의 의약품】이라고 불렀다. 그는 1980년 그의 저서 『LSD: My Problem Child』에서 LSD가 1960년대 미국의 반항문화운동에 의해 오용되었다고 비판했다. 그 후 20세기에서 가장 혁명적인 발견임에도 불구하고 LSD에 대한 많은 찬반논쟁은 그를 많이 우울하게 만든 듯하다.

19세기 의약사는 물론 마약사에서의 최고의 발견은 모르핀이다. 필자는 마찬가지로 20세기 최고 의약품 중 하나로 LSD를 지정하고 싶다. 미국에서 약물학적 이유가 아닌 정치적 이유로 대마초와 함께 LSD가 1급 마약으로 지정되었지만 세상에 비밀은 없고 영원한 것도 없다. 19세기가 '해가 지지 않는 나라'였던 영국의 세기였다면 20세기는 『타임TIME』 발행인이 지적했듯이 미국의 세기이다. 20세기인 1970년 미국은 대마초와 LSD를 1급 마약으로 지정하여 【악마의 이미지】를 구축했지만, 21세기에서는 두 환각제를 【천사의 이미지】로 구축할 수 있다.

그 이유는 20세기가 지난 다음인 21세기에도 여전히 미국의 세기라고 단정할 수 없기 때문이다. 미국의 많은 저명한 학자들도 2001년 9·11 테러를 기점으로 19세기 영국처럼 미국의 제국주의도 쇠퇴하고 있다고 평가했다. 물론 현재도 미국은 여전히 세계 최강의 군사력을 보유하고 있지만, 그 군사력을 지탱하는 달러가 힘을 잃고 있다. 이는 대마초의 전 세계적 합법화 경향에서 잘 나타나고 있다. 불과 10년 전 멕시코 대통령이 대마초의 전면 합법화를 선언했으나 미국의 외교적 압력에 의해 합법화를 취소하기도 했다.

하지만 이제는 세계 어느 국가가 대마초의 오락용 합법화를 선언해도 미국은 멕시코처럼 외교적 압력을 할 수도 없고 설사 한다고 하더라도 무용지물이 될 것이다. 왜냐하면 비록 연방법에 따라 대마초는 1급 마약이라 리서치조차 할 수 없지만 미국의 여러 주에서는 대마초의 오락용 사용을 합법화하는 추세이기에 다른 국가의 대마초 합법화를 반대할 명분이 없기 때문이다. 마찬가지로 머지않은 미래에 LSD도 대마초의 전철을 따를 것으로 예상한다.

호프만은 그가 죽기 직전에 LSD를 모르핀처럼 의약용으로 사용하기를 희망했다. 그의 희망대로 이 파트는 오락용이 아닌 LSD의 의료적 치료 효과에 대해 초점을 맞췄다. 이를 위해 다음과 같은 과정으로 전개할 것이다. 첫째, LSD의 의료적 효과에 대한 역사를 간략히 설명한다. 둘째, 과거는 물론 현재 진행되고 있는 LSD의 의료적 치료 효과에 관한 연구 상황을 언급한다. 셋째, 그런 과정에서 문제점이 무엇인지를 살펴본다. 넷째, LSD의 의료적 사용의 전망을 살펴본다. 다섯째, 오락용으로서 LSD의 긍정적 측면을 고찰한다.

첫째, LSD의 의료적 효과에 대한 간략한 역사이다. 제3장에서 설명했듯이 인류는 100% 천연환각식물을 수천 년 이상, 선사시대부터 많은 문화의 자연신 혹은 정신세계로의 접근 수단으로 사용해 왔다. 페요테[BC 5700], 산페드로[BC 3000], 실로사이빈 버섯류[BC 1500~1000], 아야와스카[BC 1000] 등이 그 대표적인 예이다. 그리고 일부 문화에서는 현재까지도 이런 사이키델릭 식물의 사용이 이어지고 있다. 그러나 이것은 LSD가 아니라 LSD의 전구물질 등이 함유된 100% 환각물질 혹은 사이키델릭 식물들이다.

1938년 호프만은 비록 100% 천연마약은 아니지만 최초의 강력한 半화학합성 사이키델릭 약물인 LSD를 발견했다. 1950~1960년대 LSD를 광범위하게 이용한 MK-Ultra 프로젝트 외에도 1968년 불법화가 될 때까지 LSD는 많은 사이키델릭 리서치와 치료의 핵심이었다. 1960~1967년 동안 그로프[Stanislav Grof]는 4,000명 이상의 환자에게 LSD 치료를 진행했다. 그는 수십 권의 단행본과

1,000편 이상의 실험 관련 논문을 발표했음은 물론, 대상 환자들만 4만 명이 넘었다. 당시 LSD를 처방한 주요 실험 대상들은 알콜중독과 함께 조현병과 PTSD 등의 환자였다.

　1960년대 미국 보수정권은 보수언론을 동원하여 1930년대에 진행했던 마리화나에 대한 악마화 전략과 유사하게 중독성이 전혀 없는 LSD에 대한 악마화 작업을 추진했다. 결국 LSD에 대한 일부 비공식적인 실험을 제외한 공식 리서치는 1970년 연방마약법의 제정과 함께 2010년대까지 약 40년 동안 중지되었다. 그러나 2010대부터는 LSD와 실로사이빈에 대한 리서치가 증가하기 시작했다. 가장 중요한 이유는 과학기술$^{PET,\ MRI,\ MEG}$의 진보였다. 예를 들면 LSD를 섭취했을 경우, 뇌 과학적 차원에서의 작동기제 등에 대한 자료를 동물실험을 통해 확보한 것이다.

　둘째, LSD의 의료적 치료 효과에 대한 진행 상황이다. 1950~1960년대에 LSD를 포함한 사이키델릭 치료의 가장 대표적인 약물들은 DMT, 실로사이빈, 메스칼린 등이다. 1950~1960년대에 사이키델릭 치료가 활용된 분야는 주로 알콜중독이었다. 이는 '사이키델릭'이라는 용어를 처음으로 사용한 험프리 오스몬드가 알콜중독의 치료에 LSD와 실로사이빈이 어느 정도 효과가 있음을 입증하기도 했다. 이것은 2012년 메타 분석에서도 LSD를 한 번만 처방해도 통계적인 의미가 있음을 보여 주었다. 성공률은 81~100%였다.

최근 사이키델릭 치료는 크게 두 가지로 세분된다. 하나는 임종을 앞둔 환자들의 두려움에 대한 치유 혹은 안락사 대상이 될 정도의 군발성 및 만성 통증과 암환자들이다. 다른 하나는 현대 의학으로는 치료가 쉽지 않는 환자들이다. 전자의 경우, 임종을 앞둔 환자의 대표적인 사례는 헉슬리이다. 그는 아내가 읽어 주는 『티벳 死者의 書』를 들으며 LSD를 두 번 주사 맞고 편안하게 눈을 감았다. LSD를 안락사의 도구로 사용한 것이다. 1990~2015년 리서치에서도 LSD를 이용한 심리치료에서 말기환자들에게 긍정적 효과를 얻었다.

1988~1993년 동안 스위스는 121명의 다양한 정신장애 환자들에게 LSD와 MDMA를 이용한 치료를 특별허가했다. 치료 효과는 환자의 90%에게서 나타났고, 정도의 차이는 있지만 대부분 개선 효과가 있었다. 2007~2009년에는 심각한 고통을 겪고 있는 말기 암환자에게 LSD에 대한 심리치료의 임상실험을 허용하면서 새로운 기원을 열었다.

현대 의학으로는 치료가 쉽지 않아 LSD를 활용한 치료를 시도하게 된 질병들은 PTSD, OCD, 우울증과 불안장애, 범죄행위, 아동자폐증 등이다. 우울증과 불안장애의 경우 2019년 FDA가 실로사이빈을 혁신치료를 위해 승인했다. 이런 증상에 아야와스카의 임상효과가 의미 있다는 연구도 발표했다. 문제는 이런 질병들에 대한 LSD의 공식연구가 1990~2017년 동안 겨우 6개에 불과하다는 것이다. 일례로 2006년 LSD와 실로사이빈이 만성통증을 완화한다는 연구결과를 발표했다. 2016년 카하트-해리스^{Robin Carhart-Harris}는 LSD

가 뇌에 어떻게 영향을 주는지를 밝혔다.

2017년 버밍엄 대학^{U. of Birmingham}에서 한 리서치 결과를 발표했는데, 핵심은 사이키델릭 환각식물과 환각물질 중에서 특히 실로사이빈이 다양한 범죄행위에 통계적인 의미가 있는 12~27%의 감소율을 보였다는 것이다. 현재까지 이런 범죄행위의 감소에 영향을 준 의약품은 사이키델릭 마약을 제외하고는 없었다.

결국 가장 강력한 사이키델릭 마약인 LSD를 활용한 본격적 임상실험은 머지않아 이루어질 것이다. 왜냐하면 LSD의 극소량 투여^{Microdosing: 10ug}의 경향과 효과가 점차적으로 증명되고 있기 때문이다. 실제로 베클리 재단^{Beckley Foundation}은 이 방법이 창조성, 인식 유연성, 행복감의 효과가 있음을 보여 주었다.

2019년 존스 홉킨스 대학에서 최초로 사이키델릭 리서치 센터^{Center for Psychedelic and Consciousness Research}를 설립한 이래 2021년부터 많은 대학에서도 관련 센터들을 설립했다. 예를 들면, 영국의 Centre for Psychedelic Research at Imperial College, 미국의 UC Berkeley Center for the Science of Psychedelics; Center for Psychedelic Research and Therapy at Dell Medical School at the U. of Texas at Austin; Center for Psychedelic Psychotherapy and Trauma Research at the Icahn School of Medicine at Mount Sinai, 호주의 Psychae Institute 등이다.

셋째, 치료 과정에서의 문제점이다. 1950~1960년대의 LSD 관련 실험 리서치들의 결과에서는 사이키델릭 마약에 대한 부작용이 크게 발생하지 않았다. 이는 최근 연구결과에서도 어느 정도 나타난다. 문제는 1950~1960년대의 LSD에 대한 연구와 실험들이 현재의 체계적인 방법론적 기준을 충족하지 못한다는 사실이다. 개인 혹은 집단 리서치들과 실험들이 이론적 틀 혹은 방법론적 한계로 인해 객관적이 아닌 주관적 기준으로 이루어져 한마디로 중구난방이었다.

오늘날에는 모든 국가에서 특정 신약을 허용할 경우, 동물실험부터 다양한 인종을 대상으로 한 많은 검증 과정을 필수적으로 거치고 있다. 물론 초기 코로나 백신처럼 충분한 데이터 확보 없이 긴급 승인하는 특별한 경우도 있다. 이 때문에 초창기 살기 위해 맞는 백신이 많은 부작용과 최악의 경우 죽으려고 맞는 꼴이 된 경우가 많았던 것이다. 그럼에도 불구하고 LSD의 경우 여러 실험의 결과, 과다 섭취해도 죽는 경우는 거의 없었다. 극단적 예로 LSD를 코케인으로 오인해 코로 흡입해도 병원에서 사흘 만에 살아난 경우도 있다.

현재까지 LSD를 이용한 다양한 사이키델릭 치료 방법이 시도되고 있다. 그런 과정에서 가장 커다란 문제는 현재의 기준에 맞는 과학적 방법론과 개념적 틀을 갖춘 포괄적 이론이 정립되어 있지 않다는 것이다. 이를 정립한다면 사이키델릭 치료와 정신병 치료의 격차를 좁히게 될 것이다. 하지만 이러한 정의가 정립되어 있지 않음에도 불구하고 현재까지의 LSD 치료는 최소의 리스크로 최대의 이익을 가져다주었다. 가까운 미래에는 이러한 연구결과가 LSD를 이용한 치료의 과학적 효과성과 안전성을 입증할 것이다. 그렇게 될 경우 아마도 LSD는 21세기 【신의 선물】이 될지도 모른다.

넷째, LSD의 의료적 사용의 전망이다. 호프만이 LSD를 만들고 첫 실험한 이래 80년이 흘렀다. 그중 절반인 40년은 금지 시기였다. 또한 2010년 이후부터도 여전히 LSD에 대한 연구와 리서치가 제한되고 있다. 결국 실제로 LSD에 대한 연구 기간은 오늘날과 비교하여 과학기술이 크게 발전하지 못한 1950~1960년대의 20년에 불과하다.

이런 연유로 현재까지 LSD를 복용했을 경우 나타나는 신비로운 경험이 뇌에서 분비되는 세로토닌에 의한 것은 규명했지만 사이키델릭 마약이 아닌 필로폰이나 코케인에서도 그런 호르몬이 왜 분비되는지는 아직 밝혀지지 않았다. 따라서 그런 사이키델릭 경험의 원인이 【인공적인 화학적^{Chemical}】이냐 아니면 【자연적인 자발적^{Spontaneous}】이냐 하는 논쟁은 여전히 해결되지 못하고 있는 것이다. 그러나 LSD에 대한 리서치가 본격화되면 이것도 시간문제라고 생각한다.

다섯째, 오락용으로서 LSD의 긍정적 측면이다. LSD가 가까운 미래에 대마초처럼 범죄화→非범죄화→의료화→합법화의 단계를 거쳐 오락용이 허용된다면 이에 대한 장점을 간단하게 알아보자. 환각물질인 실로사이빈이 함유된 실로사이빈 버섯과 메스칼린이 함유된 아야와스카를 섭취해도 환각적 효과가 어느 정도 나타난다. 하지만 가장 강력한 사이키델릭 마약인 LSD를 섭취할 경우, 비록 사람마다 조금씩 다르지만 공통적으로 나타나는 현상의 하나가 【신비로운 경험Mystical Experience】이다. 후에 예술가들이 이것을 사이키델릭 아트로 태동시켰다.

팽키Walter Pahnke는 사이키델릭 절정Peak에 의한 신비로운 경험을 아홉 가지 기본적 특징으로 요약했다. ① 일체감, ② 시공時空의 초월, ③ 강한 긍정적 영향, ④ 현실과 경험의 객관성, ⑤ 신성성神聖性, ⑥ 말로 표현할 수 없는 무엇, ⑦ 소리가 색으로 보이고 색이 소리로 들리는 역설적 공감각, ⑧ 무상無常, ⑨ 태도와 행위의 지속적인 긍정적 변화 등이다. 영어를 한국어로 번역했지만 한마디로 직접 경험하지 않고는 【말로 표현할 수 없는 무엇】이다. 헉슬리의 표현대로 【신세계New World】인 것이다.

2016년 존스 홉킨스 대학과 뉴욕 대학의 연구결과는 이런 경험이 개인적·주관적 경험이기 때문에, 일반화를 위한 법칙과 생물학적 특성을 이해하기 위해서는 더 많은 리서치가 필요하다고 강조했다. 그러나 이 연구를 통해 실험대상에서 나타나는 현상들은 주로 부정적Bad Trip보다는 긍정적Good Trip 효과였다. 예를 들면, 그런 신비로운 경험이 의식 변화와 정신적 자아에 대한 탐구로 이어지고, 자신의 삶과 자연에 일체감을 느끼고 정신적 힐링을 넘어 창조성을 유발시킬 수 있다는 것이다.

LSD를 사용해서 창조적 작품을 만든 인물들 중 대표적인 사람은 노벨문학상 후보에 여러 번 오른 헉슬리이다. 비즈니스 혁신과 선견지명의 사고를 지닌 애플 창업자인 잡스$^{Steve\ Jobs}$는 LSD의 경험을 "내 인생에서 가장 중요한 것 중 하나"라고 극찬했다. 과학사에서 가장 중요한 발견 중 하나인 DNA 이중 나선 구조를 발견하고 노벨상을 수상한 크릭$^{Francis\ Crick}$은 LSD를 섭취한 후 그 구조를 상상했다고 주장해서 난리가 났었다.

대마초의 CBD 오일처럼 가까운 미래에 LSD의 치료 효과가 있다는 리서치가 성공하고 FDA의 승인이 난다면, 수많은 바이오테크놀로지와 제약회사들은 수백억 달러의 이익을 창출할 수 있는 사이키델릭 치료 상업화에 몰려들 것은 두말할 필요가 없다. 우리도 미리미리 연구투자에 관심을 가지자. 폴랜$^{Michael\ Pollan}$의 사이키델릭 탐험을 기술한 저서 『How to Change Your Mind』가 2018년 『The New York Times Book Review』의 베스트 10에 선정됐고 2022년에는 영화화되었다. 혹시 이 책도 그렇게 되지 않을까?

현재까지 LSD를 합법화한 국가는 없다. 다만 제한된 용량에서 非범죄화한 국가는 총 21개 국가이다. 예를 들면 중남미 8개국 $^{Argentina,\ Chile,\ Colombia,\ Costa\ Rica,\ Mexico,\ Paraguay,\ Peru,\ Uruguay}$, 유럽 13개국$^{Armenia,\ Croatia,\ Czech\ Republic,\ Estonia,\ Germany,\ Italy,\ Netherlands,\ Norway,\ Poland,\ Portugal,\ Russia,\ Spain,\ Switzerland}$ 등이다. 다만 미국의 경우 2020년 오리건 주가 최초로 모든 마약을 非범죄화했다. 이어 2021년 캘리포니아 상원은 LSD를 非범죄화하고 사이키델릭의 효과를 탐구하는 법안을 통과시켰다.

한편 LSD의 대체제로 등장한, 화학 구조적으로 유사한 【1P-LSD】가 있다. 효과는 LSD의 약 1/3이다. 캐나다에서는 불법이 아니다. 미국에서는 소비가 불법이지만 2015년 이래 인체에 사용하지 않는다는 조건$^{\text{Research Chemical Only}}$으로 온라인에서 구매할 수 있다. 일본과 유럽은 대부분 불법이다.

나머지 일부 국가에서는 규제되지 않는 일종의 회색지대에 있다. 그것이 바로 사이키델릭 관광이다. 최근 이 관광이 급속히 성장하고 있다. 한마디로 호스피스 요양원이나 오락용으로 이용되고 있다. 페루의 3박 4일 아야와스카 관광은 약 3,000달러이며 네덜란드는 실로사이빈 버섯으로 6시간 즐기는 데 500~1,200달러이다.

〈표 6-3〉 LSD와 환각식물의 비교

	LSD	실로사이빈 버섯	칸나비스
섭취방법	Blotter	섭취 또는 차	흡연
복용범위	소량: 6~20μg 대량: 50~200μg	소량: 10~40mg(건조) 대량: 1~4g(건조)	소량: 1~5mg(THC) 대량: 0.025~0.05g(꽃)
효력시점	20~90분	소화 후 60~80분	흡연 후 수분 내
작동기간	8~12시간	6~8시간	2~8시간
신경대상	Serotonin	Serotonin	Cannabinoid

LSD와 실로사이빈 버섯을 섭취했을 때 심리 및 육체적 측면에서의 사이키델릭 효과를 비교했을 때 전자가 직접 운전하는 느낌이라면 후자는 운전자의 뒷좌석에 앉은 느낌이다. 전자가 자신과 우주

가 연결된 느낌이라면 후자는 자신과 자연이 연결된 느낌 정도이다. 한마디로 전자가 향이 짙은 자연산 멍게의 맛이라면 후자는 향이 거의 없는 양식 멍게의 맛 정도이다. 이 때문에 양자와 칸나비스를 비교하면 후자는 사이키델릭 마약의 축에도 끼지 못한다. 왜냐하면 후자는 뇌의 신경전달물질 목표인 세로토닌의 분비를 거의 유도하지 못하기 때문이다.

LSD를 복용하면 양에 따라 다르겠지만 혈액에서 보통 6~12시간, 소변에서 2~4일 정도 잔류하니 혹시 몰래 하고 나면 최소 4일 동안은 꼼짝 말고 집에만 틀어박혀 TV 혹은 독서에만 열중하길 바란다. 그리고 대중적으로 사용하는 LSD Blotter는 쓴 맛이며 혀가 잠시 마비될 수도 있다. 꼭 경험자처럼 말하지만 이래서 아는 게 병이다.

암튼 죽을 정도로 특별한 부작용(의존성, 내성, 금단증상)은 없지만 안전하게 복용하려면 첫 번째는 유전적인 정신질환이 없어야 하며, 대마초는 큰 문제가 없지만 알콜과 함께 사용하지 말기를 바란다. 초보 용량은 25~100ug이다. 두 번째는 내성이 발생하지 않도록 적어도 3일이 지난 후에 다시 사용해야 한다. 또한 반드시 사이키델릭 사용의 매뉴얼[6S's]을 따르도록 하길 바란다.

결론적으로 자연은 많은 것을 준다. 예를 들어 20세기 자연이 우리에게 준 최고의 선물 중 하나는 푸른곰팡이이다. 이를 우연히 발견한 사람이 영국 세균학자 플레밍[Alexander Fleming]이다. 그는 정말 우연히 푸른곰팡이 근처에는 무균상태라는 것을 발견했고, 결국에는 최초의 항생제인 페니실린을 발견했다. WHO 필수 의약품의 하나로 등록된 이 항생제가 얼마나 많은 인류의 생명을 구했는가! 인간은 단지 그런 자연의 선물을 알아보지 못할 뿐이다. 환각식물도 마찬가지라고 생각한다.

지금 미국을 비롯한 많은 유럽 국가들이 이런 환각식물을 대상으로 연구를 진행 중이다. 1950~1960년대 활발히 진행된 이런 연구가 1960년대 반항문화운동으로 휩쓸려 1970년대 된서리를 맞았다. 그러나 1990년대부터 조금씩 다시 연구가 진행되었고 21세기 현재 법적 규제도 서서히 풀려 가고 있는 중이다. 물론 이런 연구가 성공할지 실패할지는 아무도 모른다. 그러나 수천 년 동안 인류가 다양한 방법으로 사용한 환각식물들은 반드시 인류에게 새로운 선물을 제공할 것이라 필자는 확신한다.

종종 인간은 자연이 주는 선물을 알아보지 못한다. 요즘처럼 인간이 자연을 파괴하고 있는 상황을 본다면 알아보지 못해도 괜찮다고 하고픈 심정이다. 아무 보상 없이 주는 선물조차 이해 못 하고 받아먹지 못하는데 뭘 더 바라겠는가! 대신 제발 파괴만 하지 말기를 진심으로 바란다. 암튼 100% 자연산인 환각식물에 대해 3단계 국가정책을 제안하고 싶다. 법 개정을 통한 연구 활성화➝의료용으로 실험화➝임상치료센터의 설립과 데이터 확보➝노벨상 획득이다. 우리의 [빨리빨리 문화]가 이런 데에서 융통성을 발휘할 수 있기를 기대한다.

제7장

미국의 최근 상황

Paradise is where I am - Voltaire

미국의 환각제 현황에 대해 살펴보기 전에 제7장과 8장을 이해하기 위해서는 마약정책에 대한 최소한의 상식이 필요하다.

1. 마약정책

'마약을 사용했다는 죄로 처벌을 받는다'는 의미로서 마약정책의 기원은 로마제국 말기라고 할 수 있다. 이를 위해서는 로마제국과 기독교의 관계를 이해할 필요가 있다. 기독교인들이 아니라도 아기 예수의 탄생 기념으로 동방박사가 세 가지 선물을 준 이야기는 모든 사람이 알고 있다. 그 선물 중의 하나인 *Myrrh*는 일종의 아편이었다. 이는 당시 아편이 상당히 귀중한 물건임을 의미한다.

로마 5현제의 하나로, 『명상록』을 저술한 마르쿠스 아우렐리우스[121~180]는 거의 평생을 전쟁터에서 보냈다. 영화 「글래디에이터」에서 등장하는 황제이다. 그의 주치의인 갈렌Galen은 늘 포도주에 아편을 섞어 황제에게 주었다. 문제는 시간이 지날수록 주치의는 아편의 양을 지속적으로 늘렸다는 것이다. 그만큼 황제의 고통이 심했다는 반증이다. 이처럼 로마시대 아편은 대중화되었고 기독교도 매우 관용적인 태도를 보였다.

 골고다 언덕에서 십자가에 묶인 예수에게 드린 음료수도 아편이 섞인 포도주였다. 물론 예수는 거절했다. 이처럼 예수가 활동한 시기에 아편은 사회적 문제가 아니었다. 그러나 313년 기독교가 공인되고 380년 기독교가 로마제국의 유일한 국교로 선포되자 기독교는 마약에 대한 기존의 관용적 태도를 180도 바꾸기 시작했다. 흥미로운 사실은 초창기 로마제국이 기독교를 탄압한 것과 유사한 방법으로 기독교가 마약사용자를 탄압하기 시작한 것이다.

 로마제국은 황제숭배를 거부하는 기독교인에 대한 300년간의 탄압을 통해 【로마제국의 공고화】를 이룩하려는 정치적 목적이 있었다. 이를 위해 로마제국은 기독교인을 【정치적 희생양】으로 삼았다. 그러나 빈민구제 사업을 통해 로마제국의 기독교화에 성공한 기독교는 육체의 고통을 거부하는 마약사용자에 대한 1,000년간의 탄압을 통해 【기독교의 공고화】를 이룩하려는 종교적 목적을 드러냈다. 이를 위해 기독교는 마약사용자를 【종교적 희생양】으로 삼았다. 이 탄압의 클라이맥스가 중세 마녀사냥이었다.

 2003년 교황 요한 바오로 2세는 이 문제를 최초로 인정하고 가톨릭의 이름으로 사죄했다. 기독교는 왜 마약사용자를 탄압했을까? 원래 로마제국 시대 기독교가 탄압의 첫 대상으로 삼은 것은 알콜이었다. 로마제국 역시 알콜 문제는 당시 사회적 골칫거리의 하나였다. 왜냐하면 사람들이 일을 해야 생산성이 올라가고, 그래야 세금을 더 징수할 수 있기 때문이다. 이 점에서 기독교와 로마제국의 이해가 맞아떨어진 것이다. 결국 기독교는 그리스시대부터 주신酒神인 바커스를 천국에서 추방당한 사탄으로 만들었다.

문제는 기독교가 빈민구제 사업을 지속적으로 수행하기 위해서는 밑 빠진 항아리처럼 끊임없는 재정적 지원이 필요했다는 것이다. 결국 생각한 것이 회당이었다. 오늘날로 말하자면 교회당을 건설한 것이다. 일요일은 쉬라고 하나님도 말하지 않았던가? 회당을 건설한 여러 가지 이유 중 하나는 사람이 모여야 헌금을 걷을 수 있기 때문이다. 불교처럼 가가호호 방문하며 구걸할 수는 없었다. 회당을 짓고 예수님 동상을 만들어 그럴듯하게 꾸몄다. 그럼에도 불구하고 일요일에 사람이 생각만큼 모이지 않자 그 원인이 뭔지 궁금했다.

결국 알아보니 대부분 사람들이 주말에 술 처먹고 피곤해서 회당에 오지 않는 것이 아닌가? 이런 죽일 넘들…. 사제는 열받아 조르르 황제에게 달려가 이 문제를 해결해 달라고 간청했다. 황제는 간단하게 금주에 대한 칙령을 선포했다. "사제를 제외하고 주말에 술 처먹는 넘들은 사형." 그럼에도 불구하고 사제가 생각하기로 일요일에 사람들이 만족스럽게 모이지 않는 것이 아닌가? 다시 원인을 파악했다. 결론은 왜 그리 굶주려 힘이 없거나 아픈 사람들이 많은지… 배가 고파서, 아파서 회당에 가지 못했다는 것이다.

더구나 당시 아픈 사람 중에서 부자는 비싼 아편을 먹고 해결했지만 대부분의 서민들은 다양한 환각식물^{Datura}을 채취하여 고통을 줄이고 있었다. 기독교는 고민했다. 이를 어떻게 해결해야 할지. 결국 해답은 기독교 교리의 정교화였다. 더불어 이단도 처벌하고. 일거양득─一擧兩得! 일타쌍피! 교리는 간단했다. 순수한 신앙의 필요성을 강조한 기독교는 육체의 고통은 종종 신이 내린 벌이기 때문에 신앙과 회개를 통한 정신의 극대화로 극복할 수 있다는 논리로 합리화했다.

한마디로 마약으로 육체의 고통을 줄이는 행위는 기독교 정신에 위배된다는 것이다. 이런 교리는 교부철학과 스콜라철학을 거치면서 더욱 정교화됐다. 중세사회에서 질병의 원인으로 【죄】의 개념이 등장했고, 그 질병의 치료로서 【고백】의 개념이 발전했다. 결국 육체적 질병의 치료제로서 마약식물은 중세 유럽사회에서는 존재가치가 없었고 오히려 마녀사냥처럼 탄압의 수단으로 악용되었다. 정치적 차원에서 이런 행태는 20세기에도 그리고 현재에도 변치 않는 단골메뉴로 등장하고 있다.

18세기에 화학이 발전하면서 19세기에는 점차적으로 화합합성 마약이 등장하기 시작했다. 모르핀을 필두로 코케인과 헤로인이 등장했다. 처음 이들은 모두 의약품으로 상품화되었다. 그러나 19세기 말부터 이들의 중독문제를 의사들이 이의제기하기 시작했다. 결국 정부가 나서서 이들 의약품을 통제하기 시작했다. 시작은 미국이었다. 20세기 초 후발제국주의로 출발한 미국은 이미 서구열강이 차지한 중국淸에 슬쩍 숟가락을 얹기 위해 주도적으로 【1912년 헤이그 아편회의】에서 최초의 국제마약협약을 제정했다.

당연히 국내에서도 1914년 미국 최초의 연방마약법인 【해리슨법】을 제정했다. 이 법은 과세법이기 때문에 누구나 관련 세금만 납부하면 마약 관련 유통과 판매를 할 수 있었다. 문제는 그런 자격증을 정부가 거의 발부하지 않은 것이다. 이렇게 시작된 것이 세금을 납부하면 처벌하지 않는 마약의 불법화^{Illegalization}이다. 불법화는 일종의 非범죄화$^{De\text{-}Criminalization}$이다. 그러나 이를 위반할 경우 전자의 경우 전과기록이 남는 【벌금】을 납부한다면, 후자의 경우는 남지 않는 【과태료】를 납부한다는 차이점이 있다.

20세기 이후 현대적 의미에서 마약정책은 크게 세 가지로 범죄화, 非범죄화, 합법화로 세분된다. **첫째**, 범죄화 정책이다. 위에서 언급한 불법화보다 더욱 강력한 형사처벌로, 위반하면 구속까지 되는 처벌법이다. 미국의 경우 20세기 동안 강력한 처벌을 동반하는 범죄화로 마약을 극심하게 단속했다. 이 정책에 대한 문제점을 해결하기 위해 20세기 후반부에 새롭게 등장한 것이 非범죄화와 합법화 정책이다.

둘째, 非범죄화 정책이다. 이 정책을 쉬운 말로 비유하면 운전 중에 단순한 신호위반을 했을 경우 감옥에 가지 않고 일종의 과태료 혹은 범칙금 통지를 받는 것과 같다. 대마초의 경우, 과거에 비해 글로벌 차원은 물론 미국조차에서도 많은 주에서 대마초의 개인 소지 및 사용을 처벌하지 않고 범칙금으로 부과하는 곳이 점차 많아지고 있다. 이 정책은 합법화로 가는 前단계이다. 마약남용을 【범죄】가 아닌 【질병】으로 인식하기 시작했기 때문이다.

셋째, 합법화 정책이다. 일부 국가들에서는 특정 마약을 합법화하더라도 미성년자들에게는 해당되지 않는다. 물론 미성년자라 하더라도 치료제로 사용할 경우는 허용한다. 또한 개인의 재배, 소지, 사용은 합법이라 하더라도 수익을 목적으로 하는 유통과 판매는 허용하지 않는다. 이것이 담배와 알콜을 합법마약이라 하는 이유이다.

이 장의 목적은 미국의 마약정책, 특히 환각제에 관한 정책을 간략히 살펴보는 것이다. 제4장에서는 미국정부가 1960년대 마리화나와 LSD를 단속하게 된 정치적 배경을 설명했다. 미국 대통령 중에서 최초로 【마약과의 전쟁】을 선언한 인물은 닉슨 대통령[1969~1974]이었고, 두 번째는 레이건 대통령[1981~1988]이다. 닉슨 대통령의 경우 베트남 참전용사들의 헤로인 중독 문제가 심각해진 국내적 차원의 문제라면, 레이건 대통령의 경우는 1982년 마이애미의 카운티[Dade County]의 하늘에서 코케인이 떨어진 사건으로 인해 국제적 차원의 문제로 불거졌다.

후자의 경우 원래 콜롬비아 메데진 카르텔의 경비행기가 코케인을 마이매미 연안에 낙하시키면 카르텔 소속의 고속정이 받아 운반하는 패턴이었다. 헌데 밤이라 잘못 낙하시켜 카운티에 떨어트린 것이다. 이 때문에 레이건 행정부가 【마약과의 전쟁】을 선포하고 재임기간 가장 많은 마약정책 관련 법안도 제정했으나 결국 실패하였다. 실패한 원인 중 가장 중요한 원인은 레이건 외교정책의 핵심이 【마약】이 아니라 【반공】이었기 때문이다. 그는 반공을 위해서 미국으로 들어오는 마약밀매도 후원했다. 대표적인 사례가 이란-콘트라

스캔들이다.

2. 마리화나에 대한 정책

　미국의 마리화나 정책에 대해 알아보는 것은 매우 중요하다. 왜냐하면 미국은 아직까지도 정치경제는 물론 사회문화적으로도 세계에 막강한 영향력을 발휘하고 있기 때문이다. 이런 문제에서 한국은 다른 국가들보다 미국의 영향을 더욱 받고 있다. 따라서 대마초에 관해 변화하는 미국의 현재 상황은 가까운 장래 틀림없이 한국의 마리화나의 정책에도 영향을 줄 것이다.

　알콜 문제는 19세기 말부터 시작된 혁신주의와 개혁적 종교운동으로 1919년 금주법으로 해결되었다. 이와 함께 19세기 말 미국은 토착 원주민이었던 인디언 문제도 어느 정도 정리했다. 따라서 남아 있는 가장 골치 아프고 없애 버리고 싶은 인종들은 마약문제로 연계시켰다. 바로 광산과 대륙횡단철도사업에 종사한 중국인, 흑인, 멕시코인들이었다.

　이들의 하루 노동비는 1달러에 불과했다. 당시 중국인에게 힘든 노동을 버티게 해 준 유일한 것은 아편이었다. 그들은 하루 노동비의 50%를 아편 구매에 사용했다. 더구나 광산 주인과 철도건설 주인이 중국인 노동자들에게 아편을 공급하기까지 했다. 결국 중국인들은 돈을 벌어 자신의 조국으로 돌아가려는 희망은 사라지고 아편

중독자가 되어 오도 가도 못하는 신세가 된 것이다. 샌프란시스코의 차이나타운은 이렇게 형성되었다.

미국은 인종적 토사구팽兔死狗烹이 필요했다. 이를 위한 첫 번째 방법으로 이민법의 개정을 통해 유럽으로부터의 백인 이주민은 받아들이고 소수인종들은 제한적으로 받는 정책을 추진했다. 두 번째 방법은 마약의 규제를 이용해 중국인의 아편, 흑인의 코케인, 멕시코인의 마리화나에 대한 통제를 추진했다. 마약을 통제하는 과정에서 『뉴욕타임스』 같은 황색언론들은 이들 인종들이 마약을 하면서 백인 여성을 강간하고, 코케인을 사용하는 흑인은 총으로 쏴도 죽지 않는다는 등의 내용으로 선전하였다. 이런 마약문제는 1914년 해리슨 과세법으로 해결되었다.

최근까지 변화한 미국 마리화나 정책의 역사를 연방법과 주법을 중심으로 간략하게 살펴보자. 거의 100년 가까운 미국 마리화나 정책에 대한 중요한 전환점은 크게 세 가지로 볼 수 있다. 첫째, 1937년 연방법인 마리화나 과세법, 둘째, 1970년 연방법인 통제약물법, 셋째, 2012년 2개 주에서 주법으로 오락용 마리화나의 합법화이다.

위의 전환점들은 대략 30~40년 사이클로 맞이했다. 첫째인 마리화나 과세법에서 중요한 인물은 앤스링거$^{Harry\ Anslinger}$이다. 그는 1930년 재무부 산하의 초대 연방마약국장에 임명됐다. 아마도 그의 아내가 재무장관과 친족이니 가능했을 것이다. 암튼 그는 1962년 케네디 행정부에서 물러날 때까지 장장 32년 동안 미국 마약정책을 좌지우지한 인물이다.

독일계 이민자의 아들인 그는 인종차별주의자이며 사고방식이 【또라이】 수준이었다. 이 말의 의미는 나치독일의 선전장관인 괴벨스처럼 왜곡된 진실로 대중들을 호도하게 만들었다는 것이다. 그는 진짜 【변태적】 수준의 편협한 인간이었다. 어떻게 그가 32년 동안 네 번의 행정부에서 한 번도 잘리지 않고 그 직위를 유지했는지 의심스러울 정도이다. 이와 유사한 인물로는 1924년부터 시작해서 1972년까지 48년간 FBI[1935년 창설] 국장을 역임한 후버[Edgar Hoover]가 있다.

후버의 경우, 역대 대통령에 대해 속속들이 알고 있는 비리들로 협박했기 때문에 가능했다. 그러나 그는 재임 중에 "미국에 마피아는 없다."라고 주장하면서 마피아보다는 스파이 색출에 집중한 인물이다. 그 이유는 그가 동성연애자라는 사실을 마피아들이 알고 협박했기 때문이다. 앤스링거의 경우 미국에서 마리화나에 대한 【악의 이미지】를 구축하는 데에 혁혁한 공을 세운 인물이다. 한국에는 정치적 이유로 1975년 12월 연예계 대마초 파동을 일으킨 박정희 대통령이 있다.

앤스링거는 마리화나 과세법을 통과시키기 위해 마리화나와 관련된 범죄 및 폭력 자료만 모으고, 그렇지 않은 자료들은 모두 무시했다. 이와 함께 1898년 스페인과의 전쟁을 부추인 황색언론 신문왕인 허스트[William Hearst]의 도움으로 전국적인 反마리화나 운동을 전개했다. 그는 평생 이러한 反마약 캠페인을 통해 모든 마약의 범죄화와 마약범죄에 대한 강력한 처벌을 전개했다.

그는 마리화나에 대해 쥐뿔도 모르면서 마리화나 자체에 대한 왜곡의 역사를 창조했다. 예를 들면 마리화나 청문회에서 "마리화나 흡연은 일시적으로 흡연자를 미치게 만든다."라고 주장하다가 의사들로부터 개망신을 당하기도 했다. 무식하면 용감하다고, 이런 망신 때문인지는 모르지만 그는 다른 마약보다 특히 마리화나에 대해 더욱 강력한 처벌을 강조했다.

지면의 한계로 그의 더럽고 치사한 행태를 다 열거할 수 없는 것이 아쉬울 정도이다. 1942년 일본군이 미국 식민지인 필리핀을 병합하자 미국 농무부는 전쟁 끝날 때까지 군수용 햄프 재배가 애국의 길이라고 독려했다. 이 기간 동안 앤스링거는 마리화나에 대해 찍소리도 못하고 합죽이가 된다.

전쟁 후 앤스링거는 마이동풍馬耳東風 식으로 "중독은 범죄"이고 "중독은 전염되기 때문에 중독자는 격리해야 한다."라고까지 헛소리를 했다. 결국 은퇴한 후 그는 격렬한 편집증과 비이성적 사고로 인한 정신병으로 고통받았고 결국 맹인이 되었다. 역설적으로 그는 자신이 그렇게 싫어한 마약인 모르핀으로 치료를 이어 가다가 사망했다. 그의 지나친 편협한 생각으로 인해 얼마나 많은 사람들이 30년 동안 고통을 받았겠는가? 이와 유사한 것이 1950년대 미국에서 휘몰아친 광풍인 매카시즘$^{Mccarthyism:\ 1950~1954}$이다.

1950년대 매카시즘과 마약문제를 연결한 유명한 "소련이 미국을 병들게 하기 위해 마약을 퍼트리고 있다."라는 루머로 사회 분위기를 조장했다. 그러나 실제로는 CIA가 직·간접적으로 반공을 위해 그런 짓을 했으니 웃긴 일이다. 암튼 이런 분위기는 결국 강력한 마약 처벌법을 등장시켰다. 예를 들어, 마리화나 소지의 경우 판사의 선고권도 박탈하고 최초의 위반도 최소 2년 징역형이다. 마녀사냥식으로 사회가 미쳐 가면 이런 일이 벌어진다.

1950~1960년대 마리화나와 LSD를 포함한 사이키델릭 혁명은 제4장에서 설명했다. 1963년 케네디 대통령이 댈러스에서 암살을 당한 후 등장한 존슨 정부는 베트남전쟁의 규모를 더욱 키웠고, 이에 대한 젊은 층의 반전데모는 연일 백악관 앞에서 벌어지고 있었다. 또한 그들은 데모를 하는 와중에 마리화나와 LSD를 즐겼다. 존슨 정부는 헌법이 보장하는 집회와 표현의 자유에 대해 처벌할 규정이 없었기에 결국 데모학생들이 즐기는 마리화나와 LSD에 대한 탄압에 초점을 맞추었다.

닉슨 행정부는 1970년 기존의 과세법이 아닌 처벌법으로 연방마약법인 통제약물법을 제정했다. 이때 일어난 가장 큰 논쟁은 마리화나를 1급 마약으로 규정한 것이다. 이 법의 부칙에 따라 마리화나에 대한 연방위원회를 구성했다. 닉슨은 자신이 지명한 위원장에게 "마리화나 합법화에 강력히 반대한다."라는 의견을 전달했다. 그는 "마리화나는 의료적 효과가 전혀 없고 인체에 매우 유해하다."라고 기대하면서 1970년 법의 정당성을 주장했다.

그러나 그의 기대와는 달리 연방위원회의 보고서에서는 오히려 마리화나는 육체적 중독이 없기 때문에 소량에 대한 소유와 유통을 합법화할 것을 권고했다. 닉슨은 뒤통수를 맞은 것이다. 열받은 닉슨은 위원회의 권고를 무시했다. 그럼에도 불구하고 위원회의 권고사항에 따라 최초로 1973년 오리건 주를 시작으로 1978년까지 총 11개의 주가 마리화나에 대한 非범죄화를 실시했다. 이것이 제1차 非범죄화 물결이다. 하지만 이후 2001년까지 20년 넘는 시간 동안 非범죄화를 허용한 주는 없었다.

1980년 공화당 대선후보인 레이건은 마리화나가 미국에서 가장 위험한 마약이라고 강조했다. 그는 임기 8년 동안 부인까지 동원하여 反마약 캠페인$^{Just\ Say\ No}$과 【마약과의 전쟁】을 선언했다. 그리고 남북 전쟁 이래 처음으로 마약소탕에 군을 동원했다. 그러나 뒤에서는 반공이라는 미명하에 CIA와 콜롬비아 카르텔과의 더러운 협상을 통해 니카라과 반공게릴라인 콘트라스$^{Contras:\ against}$를 후원하기 위해 코케인 밀수를 허용했다. 이것이 이란-콘트라 스캔들이고 탐 크루즈$^{Tom\ Cruise}$가 주연한 영화 「아메리칸 메이드$^{American\ Made}$」의 내용이다.

1989년 부시 행정부에서는 마리화나의 합법화에 대한 중요한 논쟁이 이루어졌다. 1970년대 마리화나가 범죄화된 이래 많은 논쟁이 있었지만 이번 논쟁의 주역은 바로 시카고 대학 교수이자 노벨 경제학상 수상자인 밀턴 프리드먼$^{Milton\ Friedmann}$이라는 저명인사였다. 그는 『월스트리트 저널$^{The\ Wall\ Street\ Journal}$』에서 레이건 행정부가 펼친

8년 동안의 反마약정책을 비난하고 마리화나의 전면 합법화를 주장했다.

이에 대응해 부시 행정부 백악관 마약국장인 버넷$^{William\ Bennett}$도 프리드먼의 주장을 조목조목 비판했다. 특히 대마초 범죄화론자들이 전가의 보도처럼 주장하는 【징검다리 가설】을 강조하면서 소프트 마약인 대마초의 합법화는 결국 하드 마약인 헤로인 사용으로 이어진다는 비판과 그에 대한 反비판이 3일 동안 이루어졌다. 프리드만 논리의 핵심은 경제학자답게 당시 연방마약법과 관련한 예산이 총 100억 달러, 그중에서 70%가 인건비인데, 그것을 마약 재활치료에 사용할 경우 미국의 마약문제를 상당히 해소할 수 있다는 주장이었다.

이후 마리화나의 합법화 관련 논쟁은 꾸준한 주제가 되었다. 특히 미국 대통령 선거에서는 거의 항상 TOP 10 이슈가 될 정도이다. 이런 논쟁을 유발하는 핵심 중 하나는 "인간이 사용해도 신체 및 정신적으로 해롭지 않은가" 하는 문제였다. 다른 하나는 "마리화나가 과연 의료적으로 치료효과가 있는 것인지"의 여부이다. 이것은 이미 제6장에서 상세히 설명한 바 있다.

통제약물법에 대한 최초 반항아가 1973년 마리화나 非범죄화를 단행한 오리건 주라면, 두 번째 반항아는 1996년 마리화나의 의료용 합법화를 단행한 캘리포니아 주이다. 이후 2022년까지 총 38개 주가 마리화나의 의료용 사용을 합법화했다. 또한 2001년 네바다 주를 시작으로 제2차 非범죄화의 물결로 2022년까지 총 22개 주가 非범죄화를 단행했다. 그러나 미국 마리화나 역사에서 가장 혁명적 사건은 2012년 워싱턴 주와 콜로라도 주가 '오락용'을 합법화한 것이다. 이를 시작으로 2022년까지 총 22개 주가 오락용 마리화나를 합법화했다.

연방법이 마리화나를 1급 마약으로 지정했는데 어떻게 주법이 그것을 무시하고 합법화할 수 있을까? 이를 이해하기 위해서는 먼저 연방정부의 성립 과정에서 등장한 두 가지 문제를 이해해야 한다. 하나는 노예문제이고, 다른 하나는 연방정부와 주정부의 권한 문제이다. 전자는 남북전쟁으로 해결되었으나 후자는 지속적으로 수정헌법을 만들면서 해결하고 있다.

수정헌법 제10조의 핵심은 "연방정부의 권한으로 명시하지 않는 것은 주법이 우선한다."라는 내용이다. 마약 관련 문제는 연방법의 권한 안에 없었다. 이 때문에 1914년과 1937년 마약 관련 연방법을 제정할 때 처벌법이 아닌 과세법으로 합의한 것이다. 또한 1970년 연방법은 정치적 상황에 의해 제정된 것이다.

결국 오바마 행정부는 마리화나의 오락용 합법화에는 반대하지만 이미 합법화한 주에서는 연방법을 집행하지 않을 것이라며 항복을 선언했다. 이것은 1970년 연방마약법이 조금씩 무너지고 있다는 것을 의미했다. 한마디로 미국의 마리화나 정책이 불법화→범죄화→非범죄화→의료용 합법화→오락용 합법화의 단계를 거치며 점진적으로 변하고 있는 것이다. 아마도 2024년 미국 대선에서도 마리화나의 합법화가 주요 이슈 중 하나로 등장할 가능성이 있다.

오바마 행정부는 연방차원에서 최초로 원주민 인디언들에게 보호구역에 한해 마리화나 사용을 합법화하는 정책을 발표했다. 이는 마리화나를 불법화한 주에서도 통용된다. 어찌 보면 인디언들에게 굉장히 선정을 베푸는 정책으로 보인다. 그렇다면 미국정부는 왜 인디언 보호구역에 그런 호혜적인 정책을 진행할까? 인디언들이 보호구역에서 생활하면 평생 굶어 죽지 않고 학비도 무료로 지원해준다. 단 조건이 있다. 인디언 보호구역을 벗어나는 순간 모든 정부 지원금을 토해 내야 한다. 한마디로 인디언 보호구역은 "창살 없는 감옥"인 것이다.

아래는 의료용 및 오락용 마리화나를 합법화한 주에서 나타난 효과이다. 첫째, 폭력범죄가 감소했다. 둘째, 교통사고가 8~11% 정도 감소했다. 셋째, 아편사용과 남용이 감소했다. 넷째, 2018년『중독 저널지 The Journal Addiction』의 메타 분석에 의하면 10대들의 마리화나 사용은 증가하지 않았다. 더욱 중요한 사실은 마리화나의 의학적 용도 중 가장 많이 사용하는 용도가 고통 경감이라는 사실이다. 아편에 비해 중독성도 낮고 특히 화학치료를 하는 암환자의 식욕을 증진시키는 데에 효과적이라고 한다.

가까운 미래, 연방정부 차원에서 마리화나의 오락용 사용이 전면 합법화된다면 이에 따른 경제효과는 상상도 할 수 없을 것이다. 이는 마리화나를 합법화한 시장으로 자본과 사람들이 이동한다는 의미이기 때문이다. 2018년 시작된 【그린 러시Green Rush】가 이에 관한 좋은 본보기다. 국내에서는 안락사가 거의 불가능하기 때문에 안락사를 위해 유럽으로 가는 한국인들이 매년 100명이 넘는다고 한다. 그렇다면 한국의 많은 통증환자들은 앞으로도 꾸준히 마리화나를 포함한 환각제를 찾아 외국의 호스피스 병원으로 향하지 않을까?

유럽의 경우, 훨씬 전부터 마리화나를 활용한 향수와 피부 보습제를 만들어 상품화했다. 한마디로 마리화나와 관련된 세계적 추세는 '합법화'이다. 향후 15년 동안 마리화나 산업의 글로벌 시장규모를 500억 달러로 추산하고 있다. 이미 2019년 미국에서는 마리화나 사업으로 25만 명의 일자리를 창출했다. 이것이 본격적으로 활성화되면 향후 마리화나 관련 주의 주식시장이 어떻게 변할지 모른다.

끝으로 지리상으로 가까워 한국인들이 자주 여행 가는 미국 영토인 괌은 2014년과 2019년 각각 의료용과 오락용을 합법화했다. 그러나 국내법에 따라 국내인이 해외에서 대마초를 피웠을 경우에도 처벌할 수 있다. 가장 조심해야 할 것은 암시장에서 흘러나온 전자용 마리화나 카트리지이다. 이는 신체를 더욱 자극하기 위해 여러 화학성분을 섞은 합성대마를 사용할 수 있다. 불안전한 합성대마는 최악의 경우 폐에 영구적 손상을 줄 수 있다.

3. 실로사이빈 버섯에 대한 정책

1971년 UN 협약에 따라 미국도 1978년에 관련 국내법^{The Psychotropic Substances Act}을 제정했다. 1971년 국제법에서는 멕시코의 격렬한 반대로 환각식물인 실로사이빈 버섯이 규제대상에서 제외되었지만, 환각물질인 실로사이빈은 1급 마약물질로 지정되었다. 미국 역시 1970년 CSA와 1978년 PSA에서 보여 주듯이 실로사이빈을 소지, 사용, 판매 금지 물질로 지정했다. 둘의 차이점은 미국은 1급 마약물질로 엄격한 규제하에 리서치는 가능했지만 의료용 사용은 불허했다. 하지만 국제법은 엄격한 규제하에 리서치와 더불어 의료용 사용도 허용했다.

미국은 2018년 트럼프 행정부에서 제정된 새로운 법^{Right to Try Act}에 따라 의사의 처방하에 말기환자들에게는 치료의 목적으로 일부 사이키델릭 마약사용을 허용했다. 이와 함께 2018~2019년 FDA는 혁신치료를 위해 실로사이빈 연구를 승인했다. 非범죄화 옹호자들은 실로사이빈과 같은 사이키델릭 마약은 중독성이 거의 없으며 다른 불법마약들에 비교해 응급실을 방문하는 빈도가 현저히 낮다는 연구 결과를 강조한다. 연구자들 또한 일부 사이키델릭 마약이 우울증과 니코틴 중독자들에게 잠재적 치료 효과가 있음을 주장했다.

미국에서 사이키델릭 마약 중 특히 실로사이빈 버섯과 실로사이빈의 非범죄화 운동은 2010년대 말부터 시작되었다. 이런 계기 중 하나는 점차적인 마리화나를 합법화하는 경향이었고, 다른 하나는 사이키델릭 마약에 대한 잠재적 치료 효과가 리서치를 통해 나타났기 때문이었다. 초창기 이 운동의 특징은 LSD 및 MDMA와 같은 화학합성 사이키델릭 마약이 아닌 마리화나처럼 100% 자연산인 사이키델릭 마약들을 대상으로 했다. 2019년 미국 성인을 대상으로 한 온라인 여론조사에 따르면 약 38%가 실로사이빈의 합법화를 지지했다.

이런 분위기를 알아차린 콜로라도의 Denver 시가 2019년, 미국 최초로 21세 이상의 성인을 대상으로 실로사이빈 버섯의 개인적 재배, 소지, 사용을 非범죄화했다. 그러나 상업적 유통 및 판매 등은 여전히 불법이다. 또한 환각물질인 실로사이빈도 여전히 불법이다. 이를 계기로 2022년까지 16개 도시가 일부 사이키델릭 마약에 대한 非범죄화를 단행했다.

2020년 미국 최초로 오리건 주가 실로사이빈 非범죄화는 물론 주정부가 인정한 센터에서 의료용으로 사용하는 것을 합법화했다. 또한 2022년에는 콜로라도 주에서 21세 이상에 한해 실로사이빈 버섯은 물론 환각물질인 실로사이빈의 사용 또한 非범죄화했다. 더불어 주정부가 지정한 치료센터에서의 의료용 사용을 합법화했다. 그러나 이 조치는 2024년에야 효력이 발휘된다.

2023년 현재 워싱턴 주는 콜로라도와 유사한 법(안)을 제안 중이다. 여기서 더욱 중요한 사실은 콜로라도 주는 2026년에 네 개의 환각물질[Psilocyn, Mescaline, DMT, Ibogaine]의 개인적 재배, 소지, 사용을 추가하여 非범죄화할 예정이이라는 것이다. 물론 개인적 사용을 위한 판매는 불법이다. 이런 추세는 시간이 갈수록 증가할 것이다. 또한 더욱 다양한 환각식물과 거기서 나온 다양한 환각물질도 포함하면서 대상을 확대할 것이다. 궁극적으로 LSD를 포함할 가능성도 높다.

필자는 미국의 변화하는 마약정책을 조사하면서 한 가지 흥미로운 사실을 발견했다. 오리건, 캘리포니아, 콜로라도, 워싱턴 주의 사이키델릭 마약의 非범죄화, 의료화, 합법화가 경쟁적 우위를 선점하려는 의도로 보인다는 사실이다. 미국 최초의 마리화나 非범죄화 주는 1973년 오리건, 미국 최초의 마리화나 의료용 합법화 주는 1996년 캘리포니아, 미국 최초의 마리화나 오락용 합법화 주는 2012년 워싱턴과 콜로라도이다. 이들 주는 사이키델릭 마약도 마리화나처럼 유사하게 추진하고 있다.

이 중에서 가장 톡톡히 재미를 본 주는 1976년 네덜란드가 마리화나 오락용을 합법화하면서 떼돈을 번 것과 같은 이득을 본 콜로라도다. 마리화나 오락용 판매에는 준비가 미흡했는데도 2012년 주 세입이 400억이 넘었다. 여러 주에서 콜로라도로 몰려들었기 때문이다. 이 때문에 콜로라도 인근 주들의 경계선에서는 마리화나의 유입을 방지하기 위한 검문검색이 심해지기도 했다. 하지만 결국 콜로라도로 인해 마리화나의 오락용 합법화가 다른 주로 확산되었다.

한마디로 2019년 이래 4년 동안 미국에서는 연방차원에서 1급 환각물질로 지정했음에도 불구하고 일부 주정부와 시가 다양한 환각식물과 환각물질을 非범죄화 및 의료용 사용의 합법화를 진행했다. 이런 非범죄화와 의료용 사용의 합법화 물결이 코로나 팬데믹과 얼마나 상관관계가 있는지는 모른다. 그러나 이것은 1970년 연방마약법이 점차적으로 무용지물이 되어 가고 있다는 반증임에는 틀림이 없다. 그런 물결에서 다섯 가지의 추세적 특징을 지적할 수 있다.

첫째, 비록 후발 국가이지만 미국도 이런 물결에 동참한다는 것이다. 이런 물결은 멕시코와 페루와 같은 일부 중남미 국가들에서는 오래전에 시작했다. 비록 전자의 경우 미국의 외교적 압력에 의해 대통령이 직접 마리화나 합법화를 취소한 적도 있었다. 그렇지만 이제 미국도 1급 마약을 점차적으로 非범죄화를 넘어 의료용과 오락용도 합법화하는 추세에 동참하고 있다.

둘째, 그동안 마약정책의 범죄화에서 가장 강력했던 미국이 이런 물결에 동참하는 추세는 다른 국가들의 마리화나와 더불어 다른 환각식물과 환각물질에 대한 非범죄화의 물결을 넘어 의료용과 오락용 사용의 합법화에 대한 새로운 신호탄으로 볼 수 있다. 많은 학자들이 지적했듯 9·11 테러 이래 제국으로서의 미국은 특히 경제적 측면에서 서서히 몰락하고 있다. 현재 미국은 새로운 돌파구가 필요하다.

셋째, 이런 물결의 정치경제적 혹은 사회문화적 배경이 과거 20세기 1960년대와는 180도로 다르다. 당시 미국의 상황을 고려하

였을 때, 1960년대 연방마약법에는 정치적 반공의 수호자, 경제적 우월감, 사회문화적으로 젊은 세대를 강제로 억압하려는 정치적 배경이 있었다. 그러나 현재 반공은 사라지고, 경제적 우월은커녕 몰락 수준이며, 스마트폰만을 가지고도 【21세기 군중 속의 고독】을 즐기는 젊은 세대가 폭발하고 있기에 이런 물결의 추세를 강하게 몰아치고 있는 것이다.

넷째, 1960년대 환각제는 과학적 이유보다는 정치적 이유로 금지된 경향이 있었다. 그러나 지난 50년 동안 사이키델릭 마약에 대한 의학적 리서치 결과들이 점차적으로 나타나면서 대중들의 옹호도 증가하고 있다. 이는 시간이 지날수록 점차 큰 파장을 불러일으킬 것이다. 콜로라도 주는 2026년에 시작하지만 20여 개의 다른 국가들은 현재 말기환자들을 대상으로 전문적인 사이키델릭 마약 치료 호스피스 병원을 세우고 있다. 점차적으로 초고령 사회로 들어선 한국과 일본의 경우, 국내에서 마약 치료가 불가하다면 해외로 갈 것이다. 당연히 외화 낭비이다.

끝으로, 현재의 물결은 일전의 마리화나의 사례보다 매우 빠르게 진행되고 있다. 마리화나처럼 범죄화→非범죄화→의료용 합법화→오락용 합법화의 수준에 따라 점진적으로 진행되기보다는 그 간격이 급격히 좁혀지고 있는 추세이다. 마리화나는 오락용 합법화까지 거의 100년이 걸렸다. 그러나 100% 자연산인 환각식물과 환각물질을 넘어 半화학합성 환각제인 LSD의 경우 그 간격은 이전과는 비교도 안 될 정도로 좁혀질 것으로 예상된다. 가까운 미래에는 환각식물, 환각물질 혹은 LSD가 관광 상품으로 등장해 참여자를 모집하는 광고를 볼 수도 있을 것이다.

실제로 2020년 캘리포니아 주의 상원의원 위너Scott Wiener는 다양한 사이키델릭 마약류를 非범죄화하는 법안을 제출했다. 처음으로 자연산이 아닌 LSD와 MDMA와 같은 양식마약을 포함했다. 해당 법안은 2021년 주상원을 통과했지만 정식 법으로는 채택되지 못했다. 결국 그는 2022년에 MDMA와 LSD를 제외한 수정안을 제출했고 현재 주의회에 계류 중이다.

미국은 아직까지 양식마약을 합법화하기에는 무리인 듯하다. 2023년이 시작된 이래 현재 11개 주에서 사이키델릭 개혁법(안)을 추진하고 있다. 이런 물결은 시간이 갈수록 더욱 거세질 전망이다. 2023년 캐나다의 앨버타Alberta 주는 최초로 심리치료를 위한 환각물질 및 LSD를 포함한 양식환각제의 의료용 사용을 합법화했다. 만성통증을 겪는 많은 사람들이 캐나다의 앨버타 주로 갈 것으로 예상할 수 있는 부분이다.

1968년 로버트 케네디Robert Kennedy 상원의원은 LSD 청문회에서 "아마도 적절하게 사용된다면 LSD는 우리 사회에 매우 도움이 될 수 있다는 사실을 우리는 잊고 있다."라고 주장하면서 LSD의 의학적 리서치를 지속해야 함을 강조했다. 2006년 당시 나이가 100세인 호프만도 LSD가 오락용보다는 의료용에 더 가치가 있을 것이라 믿었다. 이를 위해 그는 LSD를 엄격히 규제할 것이 아니라 모르핀 정도로 규제해야 함을 강조했다. 이런 맥락에서 호프만이 예견했듯 100% 자연산은 물론 LSD와 같은 半화학합성마약도 非범죄화와 의료용 합법화가 가능한 날이 올 것이다.

제8장

한국의 최근 상황

Life is fun and dreams will come – a song

1. 국가 마약정책

　이 파트에서는 첫째, 간략하게 해방 이후부터 현재까지의 대략적인 한국의 마약 관련 상황과 그에 따른 국가 마약정책을 정리한다. 둘째, 대마초와 LSD는 불법마약이기 때문에 언급할 필요가 없다. 다만 1970년대 박정희 정권이 연예인들의 대마초 사용을 어떻게 정치적으로 이용했는지를 간략히 언급할 것이다. 그런 맥락에서 당시 연예인들은 정치의 희생양이었다고 말할 수 있다.

　한국은 2018년 제한적으로 대마초의 의료용 사용을 합법화했다. 하지만 그 과정에 많은 문제점이 있었다. 셋째로 그런 것들을 짚어 보고 미래지향적 차원에서 대마초에 대한 국가정책 몇 가지를 제안한다. 끝으로 최근 변화하는 국내 마약 관련 현황 등을 알아본다. 이를 통해 가까운 미래에 환각제 특히 마리화나와 LSD에 초점을 맞추어 예견할 것이다.

　해방 후 1950년대까지 15년은 정치적으로는 좌우 이데올로기 투쟁과 한국동란, 경제적으로 생산능력이 없는 빈곤한 사회, 사회적으로는 일제강점기부터 시작된 아편에 중독된 사회였다. 영국이 아편을 인도에서 청나라로 수출하면서 중국을 아편에 중독된 국가로 만들었듯이 일본도 의도적으로 조선을 아편에 중독되도록 만들었다. 일본은 조선에서 아편을 재배하고 만주국, 중국, 대만 등으로 수출했다. 한마디로 1950년대까지 한국은 해방 후 무능하고 부패한 이승만 정권과 함께 잃어버린 15년이었다.

1960년대도 한국은 여전히 아편, 모르핀, 메사돈^{Methadone}과 같은 아편계 마약으로 찌든 사회였다. 박정희의 군사쿠데타로 인해 사회는 어느 정도 안정화 단계에 이르렀다. 그러나 1965년부터는 월남 파병의 부작용으로 월남산 생아편이 대량 유입되기도 하였다. 또한 1965년의【메사돈 파동】은 해방 이래 최대의 마약 스캔들이었다. 이 사건은 제약회사인 관서제약이 정치권과 공무원에게 뇌물을 주고 합법적으로 승인받은 마약을 유통시킨 사건이다. 아편계인 메사돈은 진통효과가 뛰어나 당시 힘든 일을 하는 사람들에게는【神의 약】으로 통했다.

결국 이에 중독된 사람이 10만여 명이나 되면서 대대적인 수사로 공무원과 제약회사 등 관련자 66명을 구속했다. 원래 메사돈은 1937년 독일 화학자가 합성한 것으로, 1947년 미국에서는 2급 의약품으로 승인까지 되었던 약물이다. 1970년대부터는 헤로인 중독 치료의 대체제로 등장하면서 현재까지도 미국 등 일부 국가에서는 사용되고 있다. 이 때문에 메사돈은 WHO의 필수의약품 목록에 등재되어 있기도 하다. 문제는 1960년대 한국에서 무분별하게 사용하여 수많은 중독자를 양성했다는 것이다.

1972년 유신헌법의 제정으로 박정희는 독재의 길로 들어섰다. 이에 대한 대학생들의 독재정권 타도 데모는 1979년 박정희가 피살당할 때까지 계속된다. 이런 사회 분위기로 인해 1960년대 미국 대학생들이 반전데모와 함께 기성세대에 대한 반항의 수단으로 마리화나와 LSD를 사용했듯이 한국의 일부 20대 대학생들도 유신독재에 대한 반항의 수단으로 대마초를 흡연하기 시작했다. 문제는 1975년 대마초 파동이 일어나기 전까지는 많은 대중 가수들이 대마초를 흡연했고 이에 대한 단속도 없었다는 것이다. 한마디로 1970년대는 대마초가 주종마약이었던 시기였다.

　한편 일제강점기 때, 많은 한국인들은 필로폰을 생산하는 일본의 제약회사에서 강제 부역을 했다. 제2차 세계대전에 패한 1950년대 일본에는 필로폰 중독자로 넘쳐 났다. 이 때문에 일본정부는 1950년대 필로폰과의 전쟁을 치렀다. 이런 상황에서 필로폰 제조기술을 습득한 일부 한국인들은 일본과 지리적으로 가까운 부산으로 넘어가 필로폰을 생산해 일본으로 밀수출하기 시작했다.

　1980년대는 일본의 강력한 단속으로 인해 필로폰의 국내 생산이 일본 밀수출이 아니라 국내 소비로 연결되던 필로폰의 시대였다. 문제는 1989년에 전환점을 맞이하며 발생했다. 당시 가장 커다란 사회적 이슈는 여성 납치 문제였고, 결국 노태우 정권은 【범죄와의 전쟁】을 선포한다. 국내에서 최초로 국내 범죄 문제로 계엄령도 아니고 위수령도 아닌데 일부 수도경비사령부(現 수도방위사령부)가 동원되기도 했다. 문민정부에서는 생각할 수 없는 일이었지만 군부

권위주의 정권이니 가능했던 것이다. 이런 살벌한 범죄 척결로 인해 엉뚱한 필로폰 제조 기술자들이 대부분 중국으로 도피했다.

1990년대 김영삼 정부[1993~1997], 김대중 정부[1998~2002]와 노무현 정부[2003~2007]까지 마약과 관련된 특징 중 하나는 비록 1980년대와 마찬가지로 필로폰이 국내 마약사용의 주종이었지만 【범죄와의 전쟁】과 한중수교로 인해 필로폰의 80~90%가 중국으로부터 유입되었다는 점이다. 다른 하나는 해외 유학생 및 외국인들을 중심으로 엑스터시[MDMA]와 같은 신종 클럽마약들이 서서히 국내로 유입되는 시기였다는 사실이다.

해방 후 60년 동안의 마약류 규제법규를 보면 1946년 미군정 법령으로 마약단속 규정이 처음 만들어지고 보건후생부(現 보건복지부)의 약무국에서 관장했다. 1957년에는 해방 후 최초의 【마약법】을 제정하여 마약류 남용에 대한 대응체계를 세웠다. 1970년에 마약을 제외한 습관성의약품 및 대마 관리를 위해 【습관성의약품관리법】을 제정했다. 이어 1976년에 【습관성의약품관리법】에서 대마를 분리해 【대마관리법】을 제정했다.

1980년, 【습관성의약품관리법】이 【향정신성의약품관리법】으로 개정되었다. 2000년에는 위 두 가지 법과 【대마관리법】을 통폐합하여 【마약류 관리에 관한 법률(마약류관리법)】으로 제정했다. 2018년에는 제한적으로나마 의료용 대마를 합법화했다. 한마디로 대마초에 대한 새로운 이정표를 연 것이다. 2021년에 주무기관을 보건복지부에서 식품의약품안전처로 이전되었다.

'마약류'는 【마약류 관리에 관한 법률(마약류관리법)】에 따라 마약, 향정신성의약품, 대마를 총칭한다. 국제마약협약의 개념 정의를 따라 마약은 천연마약인 양귀비, 아편, 코카 잎 등을 의미하고, 대마는 대마초, 해시시, 해시시 오일을 의미한다. 여기서 대마 씨, 줄기, 뿌리는 제외된다. 그 외 대부분이 향정신성의약품이라고 보면 된다.

2007년 12월부터 외국인 강사들에게 비자 연장 시 의무적으로 마약검사를 하도록 강제성을 부여했다. 이 때문에 2009년 한 미국인 강사가 위헌소송을 했지만 기각됐다. 그러나 그는 2013년에 다시 UN인권위원회에 청원했다. UN과 한국인권위원회는 외국인의 의무적 마약검사는 차별정책이라고 지적했다. 2020년 6월 텔레그램 N번방 사건 등으로 【유아교육법】과 【초·중등교육법】의 개정을 통해 2021년 6월부터 마약류 중독자와 성범죄자에게 교원자격 및 준교사자격증 취득을 제한했다.

이명박 및 박근혜 정부 때 마약 관련 동향은 대검찰청이 매년 발간하는 【마약백서】에 상세히 나와 있다. 이 글에서는 문재인 정부 이후 현재까지의 상황을 설명할 예정이다. 먼저 마약단속기관에 대해 알아보자. 처음은 1946년 보건후생부 약무국이 통제했다. 1952년에는 좀 더 전문화된 마약과가 신설되었다. 검찰청은 1965년 메사돈 파동으로 서울지검에 마약전담반을 설치하고 마약과를 지원했다. 단속기관의 전환점은 【범죄와의 전쟁】을 선언한 1989년이다. 이때 대검찰청의 강력부에 마약과가 신설되면서 단속기관의 주도권이 보건후생부에서 검찰로 완전히 이관됐다.

원래 강력부는 학생데모와 노조운동 등의 주무 부서였는데 정치탄압이 풀리면서 업무가 줄어들어 마약업무에 관여한 듯하다. 1980년대 말 미국에서도 CIA가 소련공산주의 붕괴 후 업무가 줄어들면서 대량 해고되자 국내문제를 관장하는 FBI의 영역을 넘보다가 양 기관이 원수지간이 되어 궁극적으로 9·11 테러를 예방하지 못한 일도 있었다. 아무튼 대검찰청에 보조를 맞춰 1990년 관세청의 마약류 전담부서로 조사국 특수조사과가 신설되고 공항 및 항만의 보세구역에서 발생하는 마약류 사범에 대한 수사권을 확보했다.

경찰청은 1991년 형사과에 마약계를 신설하고 전국에 마약 관련 부서를 신설했다. 국가정보원은 1993년에 對마약정보센터를 설치했으나 1994년부터 확장하여 국제범죄정보센터를 운영 중이다. 2001년 대검찰청은 독립적으로 마약부를 신설하고 2002년에 마약부 산하에 관세청과 마약정보합동분석팀을 확대 운영했다. 마약단속을 제외한 마약예방 및 재활은 보건복지부에서 식품의약품안전청으로 이관되었다. 검찰에서는 현재 반부패·강력부 산하의 마약·조직범죄과로 축소됐다.

중독성 물질인 마약이라는 사회문제에 국가가 개입하고 통제하고, 더 나아가 단속하고 처벌하는 것은 당연하다. 왜냐하면 보편적 개념에서 국민의 건강에 신경 써야 하는 것은 국가의 의무이기 때문이다. 이런 맥락에서 언뜻 보면 여러 기관에서 중구난방으로 통제하고 단속하는 것을 조정하기 위해 2001년 국무총리실 산하에 범정부적 정책조정기구인 【국가마약류대책위원회】를 신설한 것이다. 그리고 마약 공급 단속은 검찰청, 국정원, 경찰청, 관세청이 담당하고 마약 수요 단속은 식품의약품안전청, 법무부, 청소년보호위원회 등이 주관하게 되었다.

단속 기관들 중에서 국정원은 경찰청과 그리고 검찰청은 관세청과 업무 협조가 잘 되는 것 같다. 국정원은 주로 해외에서 유입되는 마약 관련 정보를 경찰 혹은 검찰에 제공한다. 마약단속과 관련한 검찰청의 가장 큰 한계는 마약수사관의 절대 부족이다. 검찰청 입장에서 검경수사권 분리로 인해 이제 경찰청은 옛날처럼 마음대로 통제할 수 있는 기관이 아니다. 다만 검찰청은 관세청에게 보세구역 내에서만 수사권을 인정하고 보세구역 외의 수사는 할 수 없게 만들었다.

필자가 국정원이나 경찰청의 마약수사관들에게 수사권 문제에 대해 물었을 때, 자신들은 있어도 없어도 상관없다는 인상을 받았다. 한마디로 귀찮다는 것이다. 수사권이 없는 국정원은 마약 관련 정보를 검찰 혹은 경찰에 제공하기만 하면 된다. 경찰도 수사 마무리하고 최종결정을 검찰에 주면 속이 편하단다. 문제는 경험 있는 마약수사관이 턱없이 부족한 검찰청에 있다. 이런 맥락에서 지난 20년이 넘는 시간 동안 관련기관들 사이에 마약 컨트롤타워의 문제가 논의되고 있지만 아직도 해결하지 못하고 있다.

미국처럼 모든 관련기관에 수사권을 주든가 아니면 인력이 가장 많은 경찰청에 통제권을 주고 국정원은 정보 제공, 검찰청은 공소 유지, 관세청도 확대된 수사권을 주되 가능하면 경찰에 넘기는 방안을 제안한다. 그리고 국정원은 가능한 한 마약수사 및 정보보다는 중요한 대외적인 국가안보에 치중하는 스파이 기관으로 자리 잡고, 검찰은 마약재판의 공소에 치중하여 과중한 업무에서 벗어나고, 관세청도 가능한 한 경찰에 맡겨 마약 외의 밀수품 차단에 주력하는 방안을 제안한다.

2. 대마초에 대한 정책

　한국에서 대마는 청동기 시대인 BC 3000년 전의 기록도 남아 있는데, 주로 의류용(삼베)으로 재배한 것으로 추측된다. 일제강점기인 1930년대에는 일본이 수출 목적으로 한국의 대부분 지역에서 대마 재배를 독려했다. 이 영향으로 1950년대 말까지 남부지방에서는 여전히 대마가 재배되고 있었다. 1957년에 제정한 마약법에는 당시 유행했던 양귀비와 아편과 함께 대마를 포함시켰다. 그러나 이 법은 국내에서 자생하며 재배하는 사티바종에 대한 규제가 아니라 인디카종에 대한 규제였다.

　1960년대도 여전히 아편계 마약으로 찌든 한국사회였다. 대표적인 사례가 앞서 언급한 【메사돈 파동】이었다. 이런 와중에 미국처럼 대마초 흡연도 점차적으로 증가하고 있었다. 이는 주한미군으로

부터 유래된 히피문화의 영향력이 컸다. 특히 주한미군 클럽을 드나드는 대중 가수들이 자연스럽게 대마초 흡연을 받아들인 것이다. 이들이 곧 다른 대중 가수들에게도 영향을 주었다. 더구나 대마초를 피운다고 단속도 하지 않는 시기였다. 오히려 단속 대상은 양담배였다. 국내 대마초의 전성기는 양담배와 함께 유신체제인 1970년대였다.

박정희 정권은 유신체제에 대한 정치적 저항과 곤경을 회피하기 위해 종종 국민적 관심을 다른 방향으로 전환하는 정책을 사용했다. 그 대표적인 정책 중 하나가 1975년 12월 연예계 대마초 파동이었다. 그때까지 대마초를 피워도 아무 간섭과 단속도 하지 않다가 하루아침에 뒤통수를 친 것이다. 한마디로 한국 대중가요 학살의 날이었다.

한국 록 음악의 레전드 신중현을 비롯하여 수십 명이 구속되었고 그들이 부른 수많은 곡들이 금지곡으로 묶였다. 정치권력자들에게 연예인들은 항상 최고의 흥밋거리인 동시에 먹잇감이고 희생양이었다. 이를 정당화하기 위해 박정희 정부는 1976년 【대마관리법】을 제정하면서 대마 관련 재배, 생산, 유통, 사용을 일절 금지시켰다. 이후 대중가요는 10년의 암흑기를 맞이했지만 대마초는 현재까지 【악의 이미지】를 구축하고 있다.

1980년대 이래 한국 대마초 정책의 가장 큰 변화는 2018년 의료용 대마의 부분적 합법화이다. 〈표 8-1〉처럼 세 가지 Epidiolex, Marinol,

Sativex 대마 의약품 중에서 100% CBD인 Epidiolex만 허용했다. 왜냐하면 나머지 두 가지는 향정신성 효과가 있는 THC 성분이 들어 있는 반면 CBD는 향정신성 효과가 없기 때문이다. CBD는 WHO에서도 뇌전증(간질)과 알츠하이머병에서의 효능을 인정했고 미국 FDA도 뇌전증 치료에서 Epidiolex의 효과를 입증하고 의약품으로 최초로 승인했다.

〈표 8-1〉 한반도와 주변국의 대마초 정책 비교

국가	의료용	오락용	비고
한국	부분 합법화	불법	허용: Epidiolex 불허: Marinol, Sativex
일본	CBD	불법	소지·사용(최대 5년) 재배·판매(7~10년)
중국	불법		소지·사용(10~15일 구금)
러시아	불법		6g^{칸나비스}과 2g^{Hashish} 이하는 벌금

처음 식품의약품안전처는 시행령에서 대마 성분 의약품을 뇌전증, HIV/AIDS, 암 관련 치료 등의 제한적 조건에서 사용하고, 산하 기관인 희귀·필수의약품센터에서만 수입 및 판매를 허용했다. 현재는 이를 좀 더 쉽게 접근하기 위해 비록 극히 제한적이지만 지정 병원과 약국에서도 구입할 수 있다. 미국의 경우 CBD가 건강기능식품이기 때문에 이런 불편함은 없다.

해서 종종 급한 사람은 해외 직구로 신청하는데, 문제는 이런 해외 직구가 불법이라는 것이다. 대마초에 엄격한 미국에서도 누구나

살 수 있는 것이 국내에서 불법인 것은 관련기관의 직무 유기이다. 아무튼 마약류관리법 제59조에 따라 대마를 제조·매매한 자와 그럴 목적으로 소지·소유한 자는 1년 이상의 유기징역이다. 또한 제61조에 따라 대마의 재배·소지·사용자는 5년 이하의 징역 또는 5천만원 이하의 벌금이다.

아시아에서는 태국이 최초로 2018년 의사의 처방하에 의료 목적 대마 소지와 사용을 합법화했다. 2022년에는 대마의 오락용 사용도 아시아에서 최초로 합법화했다. 한국도 아시아에서 두 번째로 2018년에 대마의 의료용을 제한적으로 합법화했다. 2023년 1월 기준, 대마의 의료용 사용을 합법화한 국가는 총 50개국이고 제한적 의료용 합법화를 한 국가는 한국을 포함하여 18개 국가이다. 대마를 非범죄화 및 제한적 합법화한 국가는 52개국이다. 오락용까지도 합법화한 국가는 총 7개 국가로, 2013년 우루과이를 시작으로 2018년에 그루지야, 남아프리카공화국, 캐나다, 2021년에 멕시코와 말타가 그리고 2022년에 태국 등이 있다.

한국에서 대마초를 포함한 마약은 【악의 이미지】로 거의 광기에 가까운 금기어이다. 이는 1975년 박정희 정권하의 대마초 파동에서 유래한다. 1980년대 이래 40년 넘게 보수든 진보든 모든 정권에서 정치적으로 마약 혹은 대마초를 이용하기는 쉽지 않다. 왜냐하면 1990년대 세계화 이후 정보통신의 발달에 따라 대다수 국민들이 세상 돌아가는 사정을 잘 파악하고 있기 때문이다. 정치적 곤경을 피하기 위해 어설픈 마약이슈를 들고 나온다면 오히려 뭇매를 맞을 공산이 크다.

국내에서 대마초의 의료용 합법화는 부분적으로 시행되고 있다. 시간이 갈수록 이제 정당, 언론, 제약회사에서 의료용 대마의 전면 합법화에 대한 상호 논쟁은 있을지언정 크게 반발하지는 않을 것이다. 왜냐하면 대마의 의료용 사용은 인권 차원에서의 접근이기 때문이다. 물론 모든 정책이 그렇듯 의료용에 대한 전면 합법화의 부작용은 분명 있다. 그러나 그것은 "구더기 무서워 장을 못 만드는 꼴"에 불과하다.

문제는 대마초의 오락용 합법화이다. 필자는 오락용 합법화에 반대하지는 않지만 시간이 필요하다고 생각한다. 악법도 법이기 때문이다. 따라서 세계적 경향에 따라 점진적인 방향성이 필요하다. 한마디로 의료화→非범죄화→합법화의 방향으로 갈 필요가 있는 것이다. 앞에서 지적했듯이 의료화가 어느 정도 정착되면 그 다음 단계인 非범죄화에 대한 논쟁을 거쳐 사회적 합의로 시행하면 된다. 문제점과 시행착오를 거쳐 궁극적으로 오락용을 합법화하는 방향으로 갈 필요가 있다.

이런 맥락에서 이제 우리는 의료화를 확대하되 오락용의 합법화가 아닌 非범죄화를 논의할 때이다. 세계적으로 非범죄화를 단행한 국가가 50개가 넘기 때문이다. 연예인들도 대마초를 피워 구속되기보다는 벌금이나 과태료로 처벌하면 충분하다. 오락용 합법화는 걸음마 수준에 불과하다. 비록 10년 전에 우루과이가 처음으로 국가

차원에서 실시하고는 있지만 이제 겨우 7개 국가뿐이다. 이들 국가들이 오락용 합법화 때문에 어떤 문제와 시행착오를 겪는지 시간을 두고 관찰한 후에 결정해도 늦지 않다.

정책의 급진성과 점진성은 모두 장단점이 있다. 필자가 후자를 선호하는 것은 시행착오와 부작용을 최소화할 수 있기 때문이다. 이런 맥락에서 반대자들이 현재 대마의 오락용을 합법화한 국가들에서 나타나는 문제점을 침소봉대針小棒大하는데, 필자는 단지 시행착오일 뿐이라는 점을 강조하고 싶다. 이는 일부만 보고 일반화시키는 바보 같은 짓이다. 왜냐하면 마리화나는 인류가 수천 년 동안 사용해 왔고 또한 지금도 여전히 일부 원주민들이 사용하고 있기 때문이다. 결론은 오락용으로 사용해도 큰 문제가 없다는 수천 년의 데이터가 확보되어 있다는 것이다.

그러나 주의해야 할 것은 【합성대마Synthetic Marijuana】이다. 이 용어는 논쟁은 있지만 【합성 칸나비노이드Synthetic Cannabinoids】라고 부르는 것이 더 정확하다. 물론 칸나비노이드는 대마초 식물 내에 존재하는 THC와 CBD 등 400~600개 화학성분의 총칭이다. 1960년대에 만든, 대마초의 향정신성 효과를 극대화하기 위해 기본에 충실하면서 다양한 화학물질을 첨가한 것이 합성 칸나비노이드이다. 이때까지는 합성대마라고 불러도 문제없다. 그러나 1980년대부터 조제기술이 발전하면서 대마에 더욱 새롭고 다양한 화학물질을 넣기 시작했고, 결국 기본을 벗어났다. 따라서 이를 합성대마로 부를 수는 없다.

원래 합성 칸나비노이드는 대마초에 대한 법적 규제를 피하기 위해 고안한 것이다. 그러나 이에 대한 사망 사고가 증가하자 한국은 2009년에 불법마약으로, 미국은 2012년에 I급 마약으로 지정했다. 최근 합성 칸나비노이드는 사용자의 자극을 높이기 위해 쥐약성분은 물론 다양한 마약류와 화학물을 혼합하고 있다. 마약인지 독약인지 구분할 수 없을 정도이다.

더구나 이런 것을 액체용 대마 카트리지로 판매하기도 한다. 죽고 싶으면 하고, 죽기 싫으면 차라리 100% 자연산 대마초를 이용해라! 대마초를 합법화하면 【징검다리 가설】을 들먹이며 합성 칸나비노이드로 이어진다는 바보 같은 말은 하지 말았으면 좋겠다. 물론 합법적으로 대마를 사용하다 결국 합성 칸나비노이드를 사용하게 되는 사람들도 있을 수 있음을 인정한다. 하지만 지속적으로 강조했지만 일부를 전체로 일반화할 필요는 없다. 국가의 역할은 합성 칸나비노이드의 사용자를 단속하고 그 해악성에 대한 지속적인 홍보면 충분하다.

자연산 대마초는 일체의 인위적인 합성작용 없는 순수한 100% 대마초를 말하는 것이다. 물론 이런 100% 자연산 대마초도 인체에 전혀 문제가 없다는 의미는 아니다. 만들어진 지 100년에 가까운 독감주사도 인구 10만 명당 수십 명이 사망할 수 있다. 그럼에도 불구하고 확률적으로 큰 문제가 없기 때문에 예방주사를 맞는 것이다. 이 세상 어디에도 완벽한 것은 없다. 대마초도 마찬가지이다. 다시 한번 우리 사회는 대마초의 非범죄화에 대한 논의를 준비하고 실행할 때라고 강조한다. 왜냐하면 국민의식 수준이 과거에 비해 상당히 성숙해졌기 때문이다.

현재까지도 많은 정당과 많은 정치인들이 헤로인과 필로폰같이 중독성이 강한 마약도 아닌, 오히려 점차적으로 의료적 효과를 보이고 있는 대마초에 대해 【징검다리 가설】을 들먹이며 반대하고 있다. 이 가설이 언제 등장한 것인지, 왜 등장한 배경도 모르고 전가의 보도처럼 들먹인다. 이 가설은 현재 미국 국립마약남용연구[NIDA]와 WHO조차도 인정하지 않고 있다. 또 한 번 강조하지만 불법마약은 자신에게만 피해를 주지만 잘못된 지식을 타인에게도 피해를 준다.

3. 마약범죄 최근 상황

최근의 마약 관련 상황을 파악하기 위해서는 과거 문재인 정부 [2017.5.~2022.5.] 5년간의 마약 관련 상황을 분석할 필요가 있다. 이를 위해 마약사범의 증가 여부, 마약의 종류와 특징, 마약류 범죄의 특징, 마약류 사용의 연령대 등을 파악해야 한다. 이와 함께 대마초와 LSD 등과 같은 환각제에 관련해서도 알아 둘 필요가 있다. 더구나 최근 2023년 2월 대검찰청은 【마약범죄특별수사팀】을 출범했다. 이것이 정말 국내 마약문제가 심각해서인지, 아니면 정치적 상황과 관련된 조치인지도 구별해야 한다.

왜냐하면 문재인 정부가 진보정권이라고 한다면 윤석열 정부는 보수정권이기 때문이다. 후자는 2022년에 투표한 국민의 50% 정도의 지지를 받고 당선되었으나 1년 가까이 지난 현재 국민의 지지도는 30% 안팎이고, 반대는 60% 안팎이었다. 최근 여론이 '검찰공화국'이란 비판을 받고 있는 이런 상황에서 대검의 【마약범죄특별수사팀】의 진짜 목적을 알 필요가 있다. 앞에서도 지적했듯이 지난 40년 동안 보수 및 진보정권에서는 굳이 마약문제를 정치상황과 크게 연관시키지 않았다고 단정할 수 있기 때문이다.

통계적 조사는 지난 5년간 대검찰청의 【마약백서】를 이용했다. **첫째**, 마약사범의 증가 여부이다. 마약사범은 2017년 14,000명 정도에서 2021년 16,000명 정도 그리고 2022년에는 역대 최대인 18,395명으로 증가했다. 지난 6년 동안 마약사범이 30% 정도 상승한 것이다. 그러나 색안경을 끼고 보면 문재인 정부 시기인 2020년 역대 최대인 18,050명과 2022년 역대 최대인 18,395명은 불과 2% 상승에 불과하다. 2021년의 경우 향정사범이 66%, 대마사범이 23%, 마약사범이 11%이다. 대마사범의 경우 2017년부터 지속적으로 증가하다가 2021년에는 역대 최대인 3,777명을 기록했다. 향정사범과 대마사범은 각각 54%와 65%가 개인적 사용이다.

마약사범이 공급자 및 소비자 전체를 포함하는 것이라면 공급사범은 해외에서 들여오는 밀수, 마약을 몰래 제조하는 밀조, 그리고 마약을 몰래 판매하는 밀매자 등을 의미하는 것으로, 한마디로 마약소비자보다 더 나쁜 인간들이다. 이런 공급사범이 2017~2022년까지 5년 동안 4,000명대를 유지하다가 2022년에는 역대 최대인 4,802명이 검거됐다. 이 중에서 공급사범의 핵심은 밀수사범이다. 이런 밀수사범이 지난 5년 동안 2017년부터 지속적으로 증가하다가 2022년에는 역대 최대인 1,392명으로 폭증했다.

2020년에 마약사범이 역대 최대였다면 검찰은 당연히 2021년 초반에 2022년처럼 【마약 청정국】 지위를 잃었다느니 【마약과의 전쟁】이라는 용어를 사용할 정도로 호들갑을 떨면서 특별조치를 취했을 것이다. 이 문제에 대해 2021년에 검·경수사권 조정으로 검찰이 500만 원 이하의 마약수사는 할 수 없으니 특별 대책을 수립할 수 없었다고 하면 충분히 이해할 수 있다. 암튼 특별 조치를 취하지 않았다는 것은 사실이다.

그러나 윤석열 정부가 들어선 2022년 9월 검찰은 규정을 개정하여 마약류 국내유통을 위한 직접수사를 가능하게 만들었다. 그 다음달 10월 국무조정실의 【마약류대책협의회】를 통해 【마약범죄특별수사팀】을 포함한 【마약류관리종합대책】 발표했다. 이것은 검찰 주도하에 관세청, 식약처, 지방자치단체(서울, 인천, 부산, 광주), 한국인터넷진흥원 등을 포함한 범정부 차원의 최초의 합동수사라는 데 의의가 있다. 이를 위한 초석으로 2022년 11월에 서울, 인천, 부산, 광주에 검찰 마약수사관을 파견하여 배치했다.

이들의 목표는 마약 청정국의 지위를 되찾는 것으로, 마약확산의 세 가지 원인인 해외 마약류 유입의 차단, 인터넷을 이용한 마약유통의 척결, 그리고 프로포폴^{Propofol}과 같은 의료용 마약류의 불법유통을 차단하는 것이다. 한마디로 검찰은 공항과 항만에 초점을 맞춘 마약의 밀수와 같은 공급 감소에 주력하고 경찰은 개인의 수요 감소에 주력하는 것이다. 전자가 공급사범의 수사 중에 개인 차원의 소지 및 사용 관련 정보를 입수하면 경찰에 인계하는 것이다. 나쁘지 않는 마약차단의 분업 정책이다.

결론적으로 이것을 박정희의 대마초 파동처럼 정치적 상황과 연계할 뚜렷한 증거는 없다. 왜냐하면 이번 조치는 연예계를 타깃으로 정하지도 않고 그저 일반적인 마약사범의 증가에 대한 조치로 대다수 국민들이 "국내에서 마약이 점차적으로 심각하구나." 정도로 인식하고 있기 때문이다. 따라서 그런 조치는 얼마든지 할 수 있는 정책적 판단이다. 그러나 지난 2023년 1년 동안 정부의 마약정책은 윤석열 정부의 국민 지지도 하락과 연계하려는 정치적 조짐을 보이는 인상을 받았다. 대표적인 것이 배우 이선균 사건이다. 다만 좀 더 정확한 파악은 2024년 이후의 조치를 보면 알 수 있을 것이다.

둘째, 마약의 종류와 특징이다. 지난 5년 동안 마약사범이 증가하는 것처럼 마약류 밀반입 압수량도 2021년에 역대 최대인 1,000kg를 넘었다. 이 중에서 약 50%가 필로폰이다. 대마초의 경우 12kg이 압수되었고, LSD의 경우 2017년 28건(17g), 2018년 26건(11g), 2019년 51건(27g), 2020년 26건(19g), 2021년 33건(46g)으로 꾸준히 밀반입되고 있다. 대마초 밀반입의 출처는 75%가 미국이다. 이는 미국의 여러 주가 합법화한 영향인 듯하다. LSD의 경우 프랑스(17g), 네덜란드(14g), 폴란드(8g) 등 유럽이 대부분을 차지했다.

마약류 유입의 종류와 출처국도 매우 다양화되는 추세이다. 국내 주종마약인 필로폰의 경우, 기존에는 주로 중국이었지만 이제는 태국, 베트남, 멕시코 등에서도 유입되고 있다. 특히 주목할 만한 점은 기존 국내에서 사용하지 않았던 코카인, 야바^{Yaba}, 헤로인, LSD, 케타민 등도 유통되기 시작했다는 사실이다. 더불어 대마초 외에도 다양한 대마류가 공급되고 소비되고 있다. 예를 들면 대마에 여러 가지 마약을 섞은 합성 칸나비노이드, 대마오일, 대마과자, 전자담배처럼 피울 수 있는 대마 카트리지 등이 그것이다.

셋째, 마약류 범죄의 특징이다. 이것에도 크게 세 가지로 세분할 수 있다.

① kg 단위의 마약류 압수량이 많아졌다는 것은 마약 공급에 조직적 차원의 개입이 이루어지고 있다는 의미이다. 한마디로 국제 범죄조직들이 마약범죄에 개입하고 있다는 의미이다. 그러나 이것이 국내 범죄조직과 연결됐다는 의미는 아니다. 조직범죄가 마약사범에 개입된 비율은 1%도 안 된다. 그나마 다행이다. 마약류 사범의 3명 중에 1명은 무직이다.

② 최근에는 기존의 개인 vs. 개인이 아닌 인터넷의 다양한 수단(다크웹, SNS, 텔레그램, 국제우편, 특송화물, 해외 직구 등)을 이용한 비대면 범죄가 활성화되고 있다. 이는 온라인에 익숙한 20~30대 마약사범의 급증으로 이어졌다. 아마도 지난 3년간

의 코로나 시대의 영향을 받은 것으로 판단된다. 한마디로 유통방식이 변하고 있다는 뜻이다. 범죄 원인을 살펴봤을 때, 과거에는 호기심이 가장 많은 비율을 차지했다면, 이제는 중독이 21%로 1위를 차지했다. 그만큼 고정적 마약사용자가 많아졌다는 반증이다.

③ 2020년 국내에서는 최초로 주거지에서 대마 및 환각버섯을 재배한 사례가 적발되었다. 대마의 경우 햇빛 대신에 전구 혹은 형광등을 통해 집중재배를 할 경우 THC 성분을 증가시킬 수 있다. 이런 주거지 재배는 주로 미국 등에서 널리 이용되어 왔다. 하나의 사례로 미국 경찰이 특정의 시골지역에서 전기를 유독 많이 사용하는 농가를 발견하고 급습하여 체포한 경우가 있다.

미국에서 점차적으로 非범죄화와 의료용 사용을 추진하고는 있지만 오락용은 여전히 불법이다. 가장 대표적인 환각버섯은 제2장에서 설명한 실로사이빈 버섯류이다. 이 버섯은 反화학합성으로 만든 LSD와는 비교되지 않지만 소량으로도 환각효과를 낼 수 있다. 하지만 중독성이나 독성이 매우 적기 때문에 크게 문제가 되지 않는다. 최근 리서치에서는 우울증 치료에 효과를 보고 있을 정도이다. 이와 함께 광대버섯도 있는데 한때 영국에서는 집에서 재배해 길거리에서 음료로 판 적도 있었다.

제2장에서도 설명했지만 LSD와는 달리 이 버섯은 섭취해도 즉

각적인 환각현상을 경험할 수는 없다. 환각물질인 실로사이빈은 체내에서 빠른 속도로 소화되면서 실로신으로 전환된다. 이후 뇌혈관장벽[BBB]을 통과해 기분을 좋게 만드는 세로토닌 호르몬의 분비를 촉진시킨다. 이런 세로토닌 분비효과가 MDMA처럼 우울증을 감소시키는 것이다. 그리고 2~6시간 정도의 의식변경 혹은 시간왜곡과 같은 사이키델릭 효과를 불러일으킨다. 이 물질은 LSD, 메스칼린, DMT와 유사한 효과를 불러일으킨다.

2022년 기준 환각버섯은 국내에서는 불법이고 일본도 불법이지만 일부는 허가 후 재배가 가능하다. 대만도 불법이지만 현실적으로 판매와 유통만 처벌하고, 개인의 사용과 소지는 非범죄화하고 있다. 캐나다도 불법이지만 판매를 단속하지 않고 사용해도 非범죄화하고 있다. 네덜란드는 합법이다. 마약의 글로벌 기준이 되는 미국은 오리건 주를 제외한 모든 주에서 불법이지만 점차적으로 非범죄화와 의료용을 허가하는 추세이다.

넷째, 마약류 사용의 연령대이다. 이것은 크게 두 가지로 세분할 수 있다. 하나는 연령층의 하향화 추세이다. 가장 커다란 문제는 10대 마약사용자로, 2017년의 119명에서 지속적으로 증가하여 2021년에는 역대 최대인 450명으로 집계되었다. 20대 마약사범도 지속적으로 증가하여 2021년에는 역대 최대인 5,077명이다. 30대 사범도 2018년 1,804명에서 2022년 2,817명으로 56% 증가했다. 이 때문에 향정사범과 대마사범의 55%와 81%를 20~30대가 차지하고 있다. 특히 대마사범의 경우 20대가 50%를 차지하고 있다. 2021년 20~30대의 마약류 사범이 57%를 차지했다.

다른 하나는 국내 외국인 유입이 증가하면서 외국인 마약사범도 2017년 932명에서 지속적으로 증가하여 2022년에는 역대 최대인 2,573명으로, 전체 마약사범의 15%를 차지했다는 점이다. 30개국이 넘는 외국인의 주요 국적은 중국, 태국, 미국, 베트남 등이다. 외국인 마약범죄의 전형적 패턴은 국내 체류 외국인 근로자와 유학생들이 본국 출신의 공급책과 공모하여 마약을 밀수입하는 것이다. 이런 밀수입은 해외 직구, 국제우편과 특송화물을 주로 이용한다. 이를 통해 국내에 있는 자국인을 대상으로 하는 판매까지 이어지기도 한다.

결론적으로 2022년 윤석열 정부는 많은 젊은이들의 다양한 불법 마약 사용 증가에 【마약과의 전쟁】을 선포했다. 그러나 이런 경향은 위에서 보았듯 이미 문재인 정부에서부터 만연해 있었다. 아마도 코로나 시대 3년 동안 움츠러들었던 젊은이들이 코로나 시대의 종식을 의식했는지는 모르지만 주종마약인 필로폰을 중심으로 다양한 마약들을 사용한 영향이 클 것이다. 더구나 가장 큰 문제는 20대 젊은 층에서의 대마초 사용의 폭증과 비록 적은 양이지만 대표적인 환각제인 LSD 사용의 적발이다.

이를 종합하면 크게 세 가지를 지적할 수 있다. **첫째**, 지난 5년 동안 국내에서 마약사범의 수는 점진적이 아닌 대폭 증가하는 양상을 보였다. 그에 따라 윤 정부는 【마약과의 전쟁】을 선언했다. 이것이

윤 정부의 약한 지지율을 반전시키려는 정치적 의도라고 보기는 어렵다. 문제는 이것이 2023년부터 정치적 의도를 보이는 인상이 있다는 것이다. 더구나 마약수사의 비효율 탈피라는 미명하에 검경수사권의 분리가 아닌 검찰 주도로 통합을 시도하려는, 미국식 마약청^{KDEA}의 설립을 유도하는 듯한 인상을 보였다.

둘째, 지난 20세기 100년 동안은 대마 금지의 시대였다. 그러나 21세기에 들어서자 상황이 180도로 바뀌기 시작하면서 대마는 의료용을 넘어 非범죄화를 거쳐 오락용으로까지 합법화하는 추세이다. 향후 이 수치는 점차적으로 증가할 것이다. 이제 한국도 非범죄화와 합법화에 대한 정부 차원의 논의가 필요하다. 더구나 대마의 의료 및 오락용 흡연 외에도 대마 관련 산업이 3년 내에 500~600억 달러의 고부가 가치로 등장할 것이기에 더더욱 대마에 대한 논의가 시급하게 이루어져야 한다.

셋째, 2006년 LSD를 합성한 호프만 박사는 LSD가 모르핀처럼 오락용이 아닌 의료용으로 가치가 있을 것으로 굳게 믿었다. 100% 자연산인 환각식물과 환각물질들에 대해 미국은 물론 타 국가들의 非범죄화와 의료용 합법화의 추세가 이를 더욱 뒷받침할 것이다. 그리고 이 또한 대마초처럼 가까운 미래에 분명 한국에도 영향을 줄 것이라 확신한다. 1960년대 로버트 케네디 상원의원은 "아마도 적절하게 사용된다면 LSD는 우리 사회에 매우 큰 도움이 될 수 있다."라고 주장한 것을 상기하자. 그 역시 LSD의 의학적 리서치의 사용을 강조했다.

위의 대마초 및 LSD와 같은 환각제는 과거 1960년대 미국에서의 제1세대 사이키델릭 혁명을, 1990년대 탈냉전시대였던 영국에서는 새로운 형태의 제2세대 레이브 문화의 등장을, 그리고 2020년대 포스트 코로나 시대의 제3세대 환각제 혁명의 등장 가능성의 밑바탕이 되고 있다. 현재의 글로벌 추세를 볼 때, 가까운 장래에 환각제에 대한 새로운 형태의 마약문화가 등장할 가능성이 점차 높아지고 있는 것이다.

제9장

어떻게 할 것인가

먼 곳을 향하는 생각이 없다면 큰일을 이루기 어렵다
(人無遠慮 難成大業) - 안중근

앞서 제5장에서 지적했듯 인간에게 가장 해로운 마약은 헤로인과 필로폰이다. 〈표 9-1〉을 보면 가장 좋지 않은 마약은 그중에서도 헤로인이다. 물론 100년 전에는 모르핀의 중독치료제로 사용하긴 했다. 그리고 과거 미국 프로농구선수들이 오락용으로 많이 사용한 코케인도 마찬가지이다. 문제는 합법마약이라고 할 수 있는 알콜과 담배이다. 이제 이것을 금지하느냐 마느냐 하는 문제는 논의를 넘어섰기 때문에 여기서 언급할 필요는 없다.

〈표 9-1〉 주요 마약류의 비교

마약류 (작용기제)	육체적 해악	의존성	사회적 해악	해악성 합계	순위
헤로인(진정)	2.78(10)	3.00(10)	2.54(10)	30	1
코케인(흥분)	2.33(9)	2.39(9)	2.17(8)	26	2
알콜(진정)	1.40(6)	1.93(7)	2.21(9)	22	3
케타민(진정/환각)	2.00(8)	1.54(5)	1.69(7)	20	4
암페타민(흥분)	1.81(7)	1.67(6)	1.50(6)	19	5
담배(흥분)	1.24(5)	2.21(8)	1.42(5)	18	6
LSD(환각)	1.13(4)	1.23(3)	1.32(4)	11	7
대마초(환각)	0.99(2)	1.51(4)	1.30(2)	8	8
MDMA(흥분/환각)	1.05(3)	1.13(1)	1.09(1)	5	9
GHB(진정)	0.86(1)	1.19(2)	1.30(2)	5	9

출처: https://www.semanticscholar.org

〈표 9-1〉에서 보듯 문제는 대마초와 LSD가 알콜과 담배보다 덜 해롭다는 사실이다. 위 데이터는 학자들이 공동 연구하여 발표한 것이다. 물론 이런 데이터는 매우 많고, 데이터마다 조금씩 차이가 나는 것은 인정한다. 이 때문에 한국 사람을 대상으로 하지 않았다는 이유로 시비 걸 필요는 없다. 다시 강조하면 대마초와 LSD를 사용하면 무슨 큰일이 나는 것처럼 말할 필요는 없다. 미국에서는 땅콩 먹다 목에 걸려 죽는 경우는 있어도 대마초 피웠다고 혹은 LSD를 했다고 죽는 경우는 없다고 한다. 물론 사람마다 항상 예외는 있다. 코케인의 경우, 한 번만 사용해도 중독이 되는 사람이 있지만 꼭 그렇지 않은 사람도 있기 때문이다. 그런 특이한 경우는 학자들이 통계를 만들 때 예외적인 사례로 처리하여 거의 무시한다.

한마디로 위 지표가 절대적 기준은 되지 못하지만, 마약 관련 정책입안자들은 고려할 필요가 있다는 것이다. 문제는 국가지도자조차 마약문제에 접근하는 것을 매우 조심스러워하는 입장이라는 것이다. 공연히 긁어 부스럼 만들 필요가 없기 때문이다. 왜냐하면 이미 박정희 정권의 대마초 파동 이래 마약은 【공공의 적】이라는 프레임으로 온 국민에게 세뇌되었기 때문이다. 이 때문에 필자가 아무리 대마초와 LSD에 대해 지속적으로 의학용 합법화를 강조해도 두 마약에 대한 【공공의 적】 혹은 【악의 이미지】는 쉽게 사라지지는 않을 것이다.

〈표 9-1〉에서 보듯 MDMA는 갱년기 여성들에게, 그리고 GHB는 기민증 치료를 위해 의사를 중심으로 한 담론을 거쳐 의사처방

하에 허용 여부를 논의할 필요가 있다. 더 나쁜 알콜과 담배도 허용하는 판에 그런 논의조차 하지 않는 것은 직무 유기라고 생각한다. 요약하면 거의 모든 불법마약들이 사실은 처음에는 의약품으로 만들었다. 그런데 MDMA처럼 미성년자 학생들이 사용한다는 미명하에 그리고 GHB의 경우 데이트 강간마약으로 사용한다는 미명하에 이런 마약들이 꼭 필요한 환자에게조차 사용하지 못하게 하는 것은 분명한 문제이다.

첫째, 대마초의 경우이다. 계속 강조하지만 대마초의 의료용 사용을 적극적으로 허용해야 한다. 특히 대마초 관련 화장품과 향수 등 부가가치가 있는 것들을 활성화해야 한다. 유럽 등에서는 이미 10년 전부터 대마초 상품화에 성공했다. 이런 대표적인 상품이 바로 피부 트러블에 좋다는 크림이다. 대마초의 오락용 사용에 대해서는 반대하지 않지만, 우선 앞에서도 말했듯이 非범죄화에 대한 사회적 담론이 필요하다.

그런 다음 오락용에 대해서도 사회적 담론을 통해 결정할 필요가 있다. 가까운 미래에 대마초의 오락용 합법화를 추진한다면, 일정 기간 가수들에게 선택적으로 사용하게 해서 국민들을 즐겁게 할 필요가 있다고 생각한다. 약한 환각제라고 말하는 대마초의 경우, 청각이 예민해진다는 말이 있다. 이런 효과가 작곡에 좋은 유도책이 될 수 있기 때문이다.

둘째, LSD의 경우이다. 본문에서 LSD를 합성한 호프만 박사가 직접 경험하고 예언한 것처럼 그리고 제6장에서 언급한 것처럼 우선 의료용으로 신중하게 논의할 필요가 있다. LSD를 의료용으로 사용하기 위해 다양한 국가에서 호스피스 병동에 한해서만 합법으로 혹은 불법과 합법도 아닌 회색지대에서 음성적으로 이루어지고 있다. 왜냐하면 의료기술이 발달하면서 인간의 수명은 점진적으로 늘어나게 되어 병들고 아픈 기간이 긴데 안락사를 허용하지 않는 국가들이 많기 때문이다.

다시 말하면 인구의 초고령화에도 안락사를 허용하지 않는 국가들에서조차 많은 고령 환자들이 호스피스 병원에서 다양한 환각제 마약들을 사용하고 있다. 환각제를 허용하는 국가들에서는 관광에 이를 활용하여 외화를 벌어들일 수 있는 일석이조의 역할을 하고 있다. 1976년 네덜란드에서 오락용 대마초를 합법화하자 상당수의 유럽 젊은이들이 네덜란드에 와서 대마초도 피우고 관광도 하는 등 다양한 유흥거리를 즐겼다. 21세기의 이런 현상들은 환각제를 이용한 호스피스 병동을 운영하면서 새롭게 부상하고 있다.

셋째, 이 책을 마무리하면서, 필자가 모든 마약을 합법화하자고 주장했다는 오해는 하지 말기 바란다. 또한 이 책을 읽은 독자들은 【마약은 나쁘다】라고 말하지 말기를 바란다. 그런 소리만큼 멍청한 사람은 없는 것이다. 이것이 소위 일반화의 문제점이다. 어느 살인범을 보고 【사람은 모두 살인자】라고 말하는 것과 똑같다는 것이다. 정확한 지식으로 정확하게 말해야 한다. 다시 강조하지만 담배와 알콜은 합법마약이고 필로폰과 헤로인은 가장 심각한 중독마약이다.

　이런 말을 하는 이유는 마약을 포함한 특정 이슈가 화두되었을 때, 그 이슈에 대해 나름대로 공부하고 나서 자신의 인생관, 철학관, 종교관, 세계관 등을 종합하여 무엇이 옳고 무엇이 그른지를 주장해야 하기 때문이다. 정말 꼴불견은 부정확한 정보를 마치 절대적 지식인 것처럼 떠드는 사람이다. 그는 【나 바보고 멍청이다.】라고 떠드는 꼴과 같다. 필자가 현재의 논객 중에서 유시민을 최고로 치는 것은 그가 대부분은 나름대로 면밀한 고증을 거쳐서 주장하기 때문이다.

　훗날 역사가들은 21세기를 어떻게 평가할까? 정치적으로 미국과 중국 혹은 미국과 러시아의 분쟁을 넘은 무력 충돌? 아니면 마약보다 더 중독적이고 혁신적인 스마트폰이 사람들에게 부정적으로 미치는 영향? 그것도 아니면 요즘 가장 심각한 기후변화에 따른 온난화 현상으로 인해 지진과 화산폭발, 가뭄과 홍수, 태풍, 남극 얼음이 붕괴되어 대양의 많은 섬들이 사라지는 것? 무엇이 됐든 이제 좋은 시절은 다 갔다는 사실은 맞는 듯하다. 할리우드의 대재앙 영화와 같은 것이 언제든 현실화될 수 있는 것이 요즘이다.

　이 책을 마무리하면서, 필자는 이 책을 통해 대마초와 LSD에 대해 매우 우호적으로 말했다. 이런 우호적 주장을 하는 가장 중요한 이유는 그런 환각제가 고통 받는 사람들에게 조금이나마 고통을 줄여 줄 수 있다면 의료용으로 사용해야 하는 인도적 필요성 때문이다. 특히 안락사를 허용하지 않은 한국처럼 마지막 순간에서조차 편하게 죽을 권리가 없는 나라에서는 죽고 싶지 않다. 대마초와 LSD의 의료용 합법화를 주장하는 것은 그런 이유에서이다.

가까운 미래에 포괄적인 마약문제에 관한 국가정책을 수립하거나 혹은 특정 마약에 대한 합법화나 非범죄화 정책을 세울 때 정책입안자는 많은 고민을 해야 할 것이다. 제1장에서 강조했듯 세상 돌아가는 새로운 시각들에 대한 많은 공부를 해야 한다. 이래서 공무원에게도 안식년이 꼭 필요하다. 그것이 장기적으로 국가발전에도 이롭다고 감히 말하고 싶다.

유튜브에서 보면 외국인들은 한국인들을 매우 독특한 존재로 보는 듯하다. 해방 후 역대 정권들 대부분이 개판임에도 불구하고 현재와 같은 경제발전을 이룬 것은 같은 한국인인 필자가 봐도 아이러니컬하다. 이것이 재벌회사들의 업적인지 아님 관료사회의 덕인지, 그것도 아니라면 한국인 개개인이 똑똑해서 그럴지는 모른다. 암튼 부의 양극화 등과 같은 많은 문제점들이 있음에도 불구하고 우리 사회는 나름대로 잘 굴러가는 듯하다. 유토피아적인 생각을 하는 것인지는 모르겠지만 독특하고 독창적인 한국인에게 가장 적합한 독자적 마약 정책 모델을 제정할 수 있지 않을까?

너무 완벽한 정책 제안을 하면 다음 사람들이 할 일이 없어진다. 해서 이쯤에서 글을 마무리하고 싶다. 미운 정 고운 정이 있더라도 대한민국은 우리 선조들의 피로 지킨 내 나라이고 내 민족이다. 가까운 미래에 포괄적인 국가 마약정책을 세울 때 합법화든 非범죄화든 항상 문제가 발생하기 때문에 항상 유연한 자세를 유지해야 한다. 그래야 정책으로 인한 피해가 적다. 지금처럼 정권 홍보차원의 눈에 보이는 범죄화 정책보다는 마약문제에 대한 근본적인 새로운 청사진이 필요하다.

마치면서

  2022년 12월에 시작해서 6개월 안에 이 책을 쓰려는 계획은 다행히 무사히 마칠 수 있었다. 환각제라는 주제로 이 책을 집필한 가장 중요한 이유는 과거에 대한 성찰 없이는 현재와 미래를 바라보는 통찰력을 가질 수 없기 때문이다. 필자가 환각제에 대해 나름대로 정리한 통찰력 혹은 예견이 가까운 미래에 이루어진다는 보장은 없다. 그럼에도 불구하고 최소한 이 글을 읽은 독자들만이라도 환각제에 대한 정확한 지식은 얻을 것을 희망하면서….

참고문헌

1. 국내 문헌

류시화 역, 『티벳 死者의 서』. 정신세계사, 1995.
박진실, 「대마초 합법화 논쟁」, 『경찰법연구』, 2017.
박진실, 『대마초 이야기』, 지식과 감성#, 2019.
박진실·장노순, 「다크넷과 마약밀매의 위협 실태와 성격」, 『한국경찰연구 21권 1호』, 2022.
조성권, 『마약의 역사』, 인간사랑, 2012.
김윤진, 「빠지긴 쉬워도 빠져나오긴 어렵다」, 『매일경제』, 2018.02.23.
안경애, 「마약에 숨은 과학」, 『디지털타임즈』, 2011.11.16.
윤리이야기, "사랑에 유효기간이 있을까? 사랑의 호르몬", https://jdhwi0817.tistory.com/94 2022.4.4.

2. 해외 문헌

Grof, Stanislav. *History of LSD Therapy*. Hunter House Publishers, 1980.
Hoffman, Albert. *LSD: My Problem Child*. McGraw-Hill, 1980.
Huxley, Aldous. *Moksha: Classic Writings on Psychedelics and the Visionary Experience*. Park Street Press, 1999.
Huxley, Aldous. *The Doors of Perception: Heaven and Hell*.

Harper Perennial, 2009.

Lane, Stephanie. *Ecstasy*. Lucent Boos, 2006.

Leary, Timothy. *Flashbacks*. Tarcher, 1997.

Leary, Timothy, et al. *The Psychedelic Experience: A manual based on The Tibetan Book of the Dead*. Citadel Underground, 2000.

Marcovitz, Hal. *Club Drugs*. Lucent Books, 2006.

Peterchuk, David. *LSD*. Lucent Books, 2005.

Rätsch, Christian. *The Encyclopedia of Psychoactive Plants*. Park Street Press, 2005.

Walker, Pam and Elaine Wood. *Stimulants*. Lucent Books, 2004.

Williams, Mary E. *Hallucinogens*. Greenheven Press, 2005.

Armas, Edan. "LSD Side-Effects: Risks To Be Aware of When Consuming LSD." April 21, 2021, https://thethirdwave.co/lsd-side-effects-risks-to-be-aware/

Flynn, John "The Final Secret of Pearl Harbor." Oct. 1945 http://www.antiwar.com/rep/flynn1.html

Samuel, Douglas. "The History of LSD." April 9th, 2021, https://thethirdwave.co/the-history-of-lsd/

Third Wave. "Legal Status Of LSD And 1P-LSD." June 19th, 2019, https://thethirdwave.co/legal-lsd-substitute/

Third Wave. "LSD vs Psilocybin Mushrooms & Cannabis." September 26, 2015, https://thethirdwave.co/lsd-vs-shrooms-and-cannabis/

Third Wave. "THE ULTIMATE GUIDE TO LSD." https://thethirdwave.co/psychedelics/lsd/

Woolfe, Sam. "The History of Psychedelics: A Timeline of Psychedelic Drugs." https://blog.retreat.guru/the-history-of-psychedelics
https://www.erowid.org.
https://www.healthline.com/health/cbd-vs-thc
https://www.wikipedia.org.